도시를 달리는 사람들

BOOK
JOURNALISM

도시를 달리는 사람들

발행일 ; 제1판 제1쇄 2023년 11월 13일
지은이 ; 신성헌 발행인·편집인 ; 이연대
CCO ; 신아람 에디터 ; 김혜림·이현구·정원진
디자인 ; 권순문 지원 ; 유지혜 고문 ; 손현우
펴낸곳 ; ㈜스리체어스 _ 서울시 중구 한강대로 416 13층
전화 ; 02 396 6266 팩스 ; 070 8627 6266
이메일 ; hello@bookjournalism.com
홈페이지 ; www.bookjournalism.com
출판등록 ; 2014년 6월 25일 제300 2014 81호
ISBN ; 979 11 93453 07 0 03300

북저널리즘은 환경 피해를 줄이기 위해
폐지를 배합해 만든 재생 용지 그린라이트를 사용합니다.

BOOK
JOURNALISM

도시를 달리는 사람들

신성헌

; 동틀 녘 침대를 빠져나와 길 위에 서는 것, 혼자만의 레이스를 이어가는 건 쉽지 않다. 달리기는 편안함과는 거리가 있는 '불편한 움직임'이다. 하지만 일단 시작하고 한 발씩 내딛다 보면 그것은 '즐거운 불편함'이 된다. 혹한에 정강이가 저리고, 장대비에 흠뻑 젖어도, 러너라면 늘 이렇게 말할 것이다. "그래도, 뛰길 잘했다."

차례

프롤로그   서로를 지지하는 달리기

나이키 비버튼 캠퍼스로의 여정은 우연히 본 사진 한 장에서 시작됐다. 화면 속에는 짙은 녹음과 적색 트랙이 대비를 이루는 가운데, 침엽수림이 400미터 경기장을 에워싸고 있었다. 적막감과 역동감이 동시에 느껴졌다. 그곳에 가면 누구든 레인에서 스타트 자세를 취할 것 같았다. 나이키 바우어만 트랙 클럽 인스타그램에는 눈 덮인 트랙을 가로지르는 엘리트 러너들이 보였다. 한겨울에 쇼트 팬츠를 입은 모습이 인상적이었다. 한파와 적설, 그 어떤 기상 조건에도 훈련을 멈출 수 없다는 결연함과 완고함이 느껴졌다. 일본의 작가 무라카미 하루키는 이곳을 '궁극의 조깅 코스'로 꼽았다.

실제 밟아 본 나이키 본사의 마이클 존슨 트랙은 사진으로 본 것 이상이었다. 더 놀라운 점은 운동장 자체보다 평일 낮 도처에 보이는 러너였다. 조깅 트레일을 따라 오솔길과 빌딩 숲 사이를 자유롭게 달리고 있었다. 그들의 등을 보며 우드 칩이 쫙 깔린 길을 따라 걷고 뛰었다. 본사 곳곳을 둘러본 경험은 인구가 9만 명밖에 안 되는 미국 서부 소도시에 올 충분한 이유가 됐다.

오리건주 비버튼의 나이키 본사는 캠퍼스로 불린다. 대학 생활처럼 즐기는 일터가 되길 바라는 창업자의 뜻을 반영했다. 내가 방문한 캠퍼스 미아 햄 빌딩 1층에는 샐러드 바가 있었다. 직원들이 모여드는 점심 시간대였다. 바로 옆 카페에

나이키 캠퍼스 마이클 존슨 트랙 ⓒBowerman Track Club

앉아 있던 그때, 익숙한 복장의 남성이 계단을 올랐다. 검은색
정장과 검은색 운동화 차림의 필 나이트Phil Knight였다.

위층으로 향하는 그는 점심이 담긴 트레이를 들고 있었
다. 나는 잠시 망설였지만 2층으로 걸음을 옮겼다. 계단을 올
라 인사를 건네는 데 3초가 채 걸리지 않았다.

"뵙게 되어 정말 영광입니다. 나이키 러닝화의 빅 팬입니다."

직접 본 그는 180센티미터가 조금 안 되는 다소 마른
체격이었다. 80대의 나이트는 사진으로 보던 것보다 연륜이

있었다. 잠깐의 만남 동안 그의 자서전 《슈독Shoe Dog》을 흥미롭게 읽은 점도 덧붙였다. 그는 사진 요청에도 흔쾌히 응했다.

나이트는 자신을 '일평생 신발에 헌신한 사람'으로 소개한다. 그의 책은 '달리기에 미친 사람들'의 분투기이자 연대기다. 미국 오리건대학교 육상 선수 출신인 나이트는 레전드 코치 빌 바우어만Bill Bowerman과 나이키를 공동 창업했다. 러너에게 더 나은 운동화를 제공하기 위해서였다. 1964년 설립 때부터 지금까지 나이키는 엘리트 러너뿐만 아니라 아마추어 러너도 아낌없이 지원한다. 기량 향상을 위한 러닝화 개발, 지역 러닝 클럽 후원, 인프라 지원 등을 이어 오고 있다. '트랙 수도Track Capital'라 불리는 오리건의 러닝 문화는 두 로컬 러너의 레거시를 바탕으로 한다.

그들이 일군 '러너스 월드'에서 나는 '오리건 러닝'에 빠져들었다. 비버튼과 포틀랜드는 어느 때, 어느 곳에서든 러너를 볼 수 있는 도시였다. 비가 오는 가운데 방수천이 덮인 유모차를 밀며 달리는 커플도 봤다. 과장을 보태면 오리건에선 모두가 달린다.

왜 오리건 러너는 끊임없이 달릴까. 현지 러닝 커뮤니티와 교류하며 답을 얻을 수 있었다. 내가 참여한 그룹런의 리더 클로이 핼리버튼은 오리건 고유의 러닝 문화, 인프라, 자연환경, 기후, 역사를 이야기하며 나의 이해를 도왔다. 그들에게 달리기는 삶이자, 생활과 일의 동력이다.

이후 다양한 기회로 일본 교토, 미국 샌안토니오, 우리나라 서울 등에서 활동하는 세계 각지의 러너와 연이 닿았다. 각 도시 고유의 로드와 트레일, 라이프스타일, 러닝 문화를 접할 수 있었다. 러닝을 통한 일과 생활의 밸런스, 건강하고 지속 가능한 러닝, 왜 달리는가에 대한 그들의 생각에 매료됐다. 그렇게 국내외 러너를 인터뷰했다.

내게도 달리기는 리추얼이 됐다. 낯선 곳에 가면 더욱 그렇다. 어느 지점 어느 상황에서나 선을 그리듯 잇고 싶은 나만의 의식이다. '뛰고 싶다'는 생각은, 나만의 리듬을 되찾기 위한 자연스러운 몸의 신호다. 익숙지 않은 타지에서, 또는 격무에 쫓긴 날, 나는 뛰고 나서 되레 몸이 가벼워지고 머리가 맑아지는 걸 자주 경험한다. 일종의 러너스 하이다. 일을 마치고서 뛰고, 달리기로 키운 체력과 멘털로 일을 한다. 그렇게 나의 몸도 일도 '성장'한다.

이 책은 일과 달리기를 병행하는 아마추어 러너들에 관한 기록이자, 달리기에 대한 생각의 아카이브다. 아시아를 대표하는 서울 러닝 클럽 PRRC의 공동 설립자인 메이크원, 러닝 비즈니스를 선도하는 굿러너컴퍼니의 이윤주 대표, 김재희 매니저, 송무경 매니저, 트레일 러닝 인플루언서 히맨, 러너를 돕기 위해 물리 치료사가 된 오리건 육상 선수 출신 핼리버튼, 교토 러닝 클럽 리더인 사업가 토마스 부쉬, 미국 샌 안토니오의 '울트라 러닝 맘' 라이자 하워드, 세계 네 개 대륙 월드런을 완주한 프랑스의 마리 레오테까지, 인터뷰이들의 적극적인 지원과 관심 덕분에 책을 발간할 수 있었다. 도움 주신 한 분 한 분께 감사를 표한다.

우리는 눈 쌓인 한강변과 비에 젖은 트레일, 해 질 녘 도심을 달렸다. 러닝에 대한 생각을 공유했고 서로의 달리기를 지지했다. 모든 여정을 함께 한 아내에게 고마움을 전한다. 천천히 천변을 달리듯 읽길 바란다.

1 나이키 비버튼 캠퍼스의 러너들

우리는 운동선수를 위해 존재한다

나이키 본사는 메인 캠퍼스의 조깅 트레일 외에도 한적한 숲길인 홀리스터 트레일을 품고 있다. 포장도로와 비포장도로를 모두 갖춘 투알라틴공원도 인접해 있다. 달리기에 최적의 장소다. 서울에도 월드컵공원 메타세쿼이어길, 서울숲, 남산 등 그에 못지않은 코스가 있다. 싱글렛을 입은 러너도 흔하게 볼 수 있다. 그만큼 몇 년간 달리기 인구가 많이 늘었다. 하지만 로드, 트레일, 트랙 등 거의 모든 주로走路를 갖춘 회사는 드물다. 단일 공간에서 많은 러너를 보기도 쉽지 않다.

캠퍼스에 방문한 러너라면 누구든 '뛰고 싶다', '여기서 일하고 싶다'라는 생각이 절로 들 것이다. "오리건이 숲이고, 숲이 곧 오리건이다"라는 바우어만의 말을 그대로 옮겨 놓은 듯했다. 나이키 본사는 거대한 숲이자 일터이자 달리기 코스다. 러닝, 라이프, 일의 균형을 완벽하게 구현한 곳이다.

나이키는 러닝 인프라를 회사 임직원에게만 제공하지 않고 일반인에게도 개방한다. 매년 '바우어만 5K'라는 캠퍼스 러닝 이벤트를 개최해 주민들의 참여를 독려한다. 바우어만 5K는 코로나19 여파로 2019년 이후 중단됐다가 2022년 9월, 3년 만에 열렸다.

나이키는 왜 이렇게 러닝 인프라, 그리고 러닝 문화에 많은 투자를 하는 걸까? 기업 핵심 가치를 알면 바로 이해할

나이키 캠퍼스 트레일을 달리는 러너들 ©신성헌

수 있다. 나이키가 발간하는 각종 리포트와 웹사이트에 등장하는 기업 대표 슬로건은 바로 'Serve athletes'이다. '나이키는 운동선수를 위해 존재한다'라는 의미로 통용된다. 이는 곧 '세계 모든 운동선수에게 영감과 혁신을 준다'는 나이키의 미션과 연결된다. 여기서 말하는 운동선수는 프로 선수뿐만이 아니다. 일반인도 신체가 있으면 누구나 선수라는 것이 나이키의 철학이다. 러너 출신이 만든 나이키는 늘 러너를 위해 존재해 왔다.

한번은 오리건대UO 육상팀 케니 무어Kenny Moore가 러닝 도중 발이 부러졌다. 이를 보고 바우어만은 그의 운동화 바닥

아치 지지대에 문제가 있음을 발견했다. 그리고 발뒤꿈치와 발 앞부분에 부드러운 스펀지 쿠션이 있는 고무 밑창의 신발을 만들었다. 그것이 나이키의 상징이자 역사상 가장 많이 팔린 러닝화 중 하나인 코르테즈의 시초다.[1] 1960년대 초, 대학원 졸업생 필 나이트는 선수들에게 가볍고 튼튼한 러닝화를 제공하겠다는 일념으로 소형차 트렁크에 신발을 싣고 미국 태평양 연안의 경기장을 찾아다녔다.

이렇게 두 창업자가 육상팀에서부터 고수해 온 'Serve athletes' DNA는 나이키에 고스란히 이식됐다. 기업 문화로 자연스레 뿌리내렸다. 나이키는 엘리트 선수를 지원하는 것에 그치지 않는다. 임직원 모두가 시간에 구애받지 않고 운동을 즐기고 스포츠를 통해 모티베이션을 얻기를 적극 권장한다. 본사에 방문했을 때 캠퍼스 전체가 자유로운 로컬 러닝 클럽이자 종합 체육관으로 느껴졌다. 실제로 임직원에게 올림픽 규격 수영장, 인도어 트랙, 각종 피트니스 센터 등 월드 클래스 스포츠 시설이 제공된다. 나이키를 연 매출 61조 원의 세계 1위 스포츠 용품 기업으로 이끈 것은 바로 '일과 운동의 완벽한 밸런스'를 추구하는 기업 문화다.

나이키의 이노베이션 역시 구성원이 직접 '선수'가 되고 이를 통해 영감을 얻는 문화에서 출발한다. 실제로 나이키는 미국 경제 매체《패스트 컴퍼니》가 선정하는 '가장 혁신적

마이클 존슨 트랙 ©Bowerman Track Club

인 기업'에 여러 차례 이름을 올렸다. 2016년 공개한 러닝화 베이퍼플라이Vaporfly는 시장의 판도를 바꾼 나이키 혁신의 한 사례다. 밑창과 깔창 사이 중창에 탄소 섬유판을 탑재했다. 강한 탄성과 187그램(270밀리미터 러닝화 기준)에 불과한 무게로 업계 전체에 충격을 안겼다.

　　스포츠 의학 저널《스포츠 메디슨》에 따르면 베이퍼플라이는 러너의 에너지 소모를 약 4퍼센트 줄인다.[2] 2023년 3월 출시된 베이퍼플라이3는 이전 버전보다 안정성, 통기성, 쿠셔닝, 무게 등이 개선됐다는 평가를 받는다. 나이키의 혁신과 실험은 제품에 국한되지 않는다. 바우어만 트랙 클럽, 오리건 트랙 클럽 등 엘리트 및 아마추어 선수를 육성하는 프로그램도 꾸준히 후원한다. 나이키의 러닝 이노베이션, 러닝 문화 저변을 확대하기 위한 시도는 계속되고 있다.

프리처럼 달리기

나이키는 당대 최고의 스포츠 스타를 기용하는 것으로 유명하다. 대표적으로 농구의 마이클 조던, 테니스의 세리나 윌리엄스, 축구의 킬리안 음바페 등과 스폰서십 계약을 맺었다. 나이키의 스타 마케팅은 50여 년 전에 시작됐다. 첫 후원 모델은 육상 선수였다. 1972년 나이키는 빌 바우어만이 개발한 나이키 첫 러닝화 나이키 문 슈즈를 뮌헨 올림픽 출전을 앞둔 21세의 루키에게 제공했다. 후에 미국 전역에서 '프리Pre'라 불린 스티브 프리폰테인Steve Prefontaine이다.

　　나이키의 홈타운 오리건의 러닝 컬처를 이야기할 때 빠지지 않는 두 명이 바우어만과 프리다. 레전드 선수가 그렇듯 그는 등장부터 남달랐다. 프리는 고등학생 시절 3200미터 종목에서 미국 신기록을 깨며 열여덟 살에 이미 전국구 스타가 됐다. 그는 UO 육상팀의 일원이 되어 2000미터부터 10000미터까지 일곱 종목의 미국 신기록을 세웠다. 당시 육상계에서 프리의 위상이 어떠했을지 짐작할 수 있는 대목이다.

　　프리가 지금까지 미국 넘버원 육상 선수로 사랑받고 있

는 것은 그의 경이로운 기록 때문만은 아니다. 전미대학체육협회NCAA 챔피언십 경기 영상을 보면 수려한 외모와 콧수염, 긴 갈색 머리를 휘날리며 달리는 모습이 인상적이다. 프리의 진짜 저력은 레이스 스타일에 있었다. 그는 늘 '다음이 없는 것처럼' 달렸다.

올림픽 트랙 경기를 보면 대부분 선수는 남은 바퀴 수와 랩 타임을 체크하며 전략적인 레이스를 한다. 하지만 프리는 스타트와 동시에 선두로 치고 나서는 프론트 러닝을 고수했다. 적절한 페이스를 계산하며 뛰는 것과는 거리가 멀었다. 바우어만 코치는 이런 공격적인 경주로 인해 경기 후반에 페이스가 떨어질 것을 우려해 그의 방식을 바꾸려 했다. 하지만 프리는 논쟁까지 불사하며 완고하게 저항했다.

사실 프리의 방식은 무모한 면이 있다. 실제로 그는 뮌헨 올림픽 5000미터 결승에서 한 바퀴를 남기고 선두에서 3위로, 결승선 10여 미터를 남기곤 4위로 밀려나 메달 획득에 실패했다. 그는 비록 올림픽 메달리스트는 못 됐지만, 팬들은 프리 특유의 저돌적인 방식에 열광했다. 그는 질주하고 관중들은 환호했다. "Go, Pre!" 함성이 스타디움을 뒤덮었다. 프리의 영상을 보면 50여 년 전 트랙을 가득 메운 열기를 고스란히 느낄 수 있다.

그는 1970년대 육상계의 록스타였다. 프리는 153개 대회에 출전해 120번 우승했다. UO 육상팀이 연전연승을 거두며 오리건은 확고한 미국 육상의 중심이 됐다. 여전히 오리건은 트랙 타운Track Town이자 세계 육상의 성지다. 오리거니언에게 러닝은 리추얼이며, 프리 같은 히어로를 동경하며 자연스레 내재한 일종의 문화 DNA다. 그들에게 나이키 캠퍼스의 낮시간대 달리기는 업무 중 일탈이 아닌 일상이다. 그리고 오리건 러닝 문화의 저변에는 프리가 있다.

1975년 5월 30일, 스물네 살의 프리는 자동차 사고로 세상을 떠났다. 그날이 되면 그를 기억하는 팬들이 오리건 유진 윌래밋강 인근의 조그만 바위에 기념품을 남긴다. 오리건대 스타디움에서 차로 5분 거리에 있는, 그가 생을 마감한 곳이다. 러닝화, 유니폼, 메달, 사진이 수북이 쌓여 있다. 소박한 행사는 50년 가까이 이어지고 있다. 현지 언론도 매년 그를 추모한다.

프리는 뛰어난 선수를 넘어선 위대한 선수였다. 사람들은 그를 보기 위해 경기장에 몰려들었다. 프리의 질주는 그들의 마음속에 불을 질렀다. 사람들이 스포츠에 기대하는 것은 결국 최선을 다하고 모든 걸 쏟아붓는 진정한 스포츠맨십이다. 프리는 이를 반세기 전 레이스를 통해 입증했다. 그는 경주가 승리만을 위한 것이 아닌, 자기 능력을 최대치로 밀어붙이는 데 의미가 있다는 것을 보여 줬다. 그런 점에서 프리는

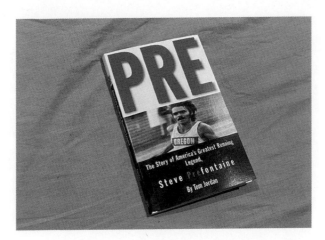

스티브 프리폰테인 전기 《PRE》 ⓒ신성헌

모든 러너가 접하는 질문 '왜 달리는가'에 대해 그의 짧지만 강렬한 인생의 역주力走로 몸소 답했다.

달리기에 미친 사람들

프리를 보며 전력을 다하는 것의 의미를 생각한다. 대학 시절 읽은 인텔 전 CEO 앤디 그로브의 자서전 《편집광만이 살아남는다Only the Paranoid Survive》는 표지를 뒤덮은 제목과 큼직한 사진이 눈에 띄는, 다소 기괴한 책이었다. 그의 '편집광적' 태도를 그대로 보여 주는 듯했다. 본문에는 저자가 1980년대 회사 주력 사업을 메모리에서 마이크로프로세서로 과감히 재편

하고 인텔을 세계 7위 기업으로 만든 일화가 소개된다. 그는 사업 구조, 사업 방식, 경쟁 방식이 바뀌면서 힘의 균형이 이동하는 이른바 '전략적 변곡점'을 인지하고 깊이 천착할 것을 강조한다. 시종일관 한 가지 일에 몰두할 것을 주문하는 그로브의 집념을 보며, 당시 나는 무언가에 미친다는 것은 기업 하는 사람들의 전유물 정도로 생각했다.

그리고 시간이 지나 그처럼 진정 미쳐 있는 사람들을 만난 곳은 일터보다 강변, 산길, 가끔은 도로변인 경우가 많았다. 매달 500~600킬로미터를 뛰는 직장인 러너, 한겨울 북한산의 트레일 러너, 그들은 달리기에 미친 사람들이었다.

물론 기업에서 말하는 '사력을 다하는 것'과 러닝 영역에서의 그것은 다를 수 있다. 엘리트 러너가 아닌 아마추어 러너라면 더욱 그렇다. 업무는 효율과 비용을 기본 전제로 하며 이는 어느 분야 어느 기업에나 통용되는 공식이다. 하지만 러닝은 꼭 그렇지만은 않다. 지하철로 20분이면 당도할 거리를 두 시간 넘게 뛰어가는 등 오히려 반대의 모습을 보이기도 한다. 이윤과 실익에 근거하지 않고 하루 수 킬로미터에서 수십 킬로미터를, 온전히 자발적으로 뛰고 또 뛰는 러너들이야말로 진짜 '미친 사람들'이라는 점은 틀림없다.

많은 러너가 꾸준히 달리는 이유로 향상심向上心을 꼽는다. 글자 그대로 현재보다 나아지려는, 발전하려는 마음을 뜻한다. 나는 체중 감량을 위해 달리기를 시작했다. 가장 기억에 남는 순간은 1킬로미터 기록을 분당 6분 30초대에서 5분대로 앞당겼을 때, 걷기와 뛰기를 반복하던 고개를 단숨에 넘었을 때, 3킬로미터도 벅차던 내가 30킬로미터 이상을 소화했을 때다. 여러 달, 여러 해 동안 꾸준히 달리며 성장한 나를 발견하고 러닝에 온전히 매료됐다. 향상심과 성장, 빠져듦의 선순환이다.

보스턴 마라톤과 뉴욕 마라톤을 각 4회씩 우승한 마라톤 레전드 빌 로저스Bill Rogers는 이렇게 말했다. "당신이 달리는 걸음, 당신이 달리는 거리가 당신의 몸뿐만 아니라 당신의 운명을 바꾼다." 그 역시 같은 이유로 달렸다.[3]

꾸준한 러닝의 또 다른 동력은 '리듬'이다. 달리기 리듬은 더 가볍고 편안하게, 더 나은 지구력으로, 덜 피곤하게, 자신의 움직임을 제어하는 것을 의미한다. 초급, 중급 아마추어 러너뿐만 아니라 준엘리트 급인 마스터스, 엘리트 선수도 더 나은 리듬을 꾸준히 익힌다. 안정적인 호흡 패턴, 일정한 보폭, 과하지 않은 팔 스윙 등 내 몸에 맞는 리듬을 찾을 때 나만의 러닝이 시작된다. 이를 통해 달리기는 '하지 않고선 견딜 수 없는' 행위가 돼버린다.

신문사에서 일할 당시 새벽 출근이 잦았다. 편집국에 들어서면 오전 5시 40분, 얼음물과 커피로 잠을 쫓는 게 일과의 시작이었다. 수년 전 어느 가을 출근길, 광화문 네거리에 형광 싱글렛을 입은 러너가 보였다. 어깨를 활짝 젖힌 채 일정한 보폭을 유지하는 모습을 보며 '덕수궁 한 바퀴 거리는 달렸겠네' 하고 짐작했다. 그날 내내 광화문 러너의 모습이 머릿속을 떠나지 않았다.

당시 나는 달리기를 놓다시피 하고 있었다. 일이 많았고 뛰는 건 뒤로 미뤘다. 달리는 거리와 횟수가 줄어드는 악순환이 반복됐다. 그러던 차에 '광화문 러너'를 보게 된 것이다. 그는 달렸고 나는 그렇지 않았다. 다른 건 중요하지 않았다. 그 길로 나는 다시 달렸다. 주 3회 이상 뛰었고 그해 처음으로 마라톤 풀코스를 네 시간 안에 완주하는 '서브 4'를 달성했다. 일에 지칠수록 더 뛰었다.

퇴근 후의 러닝을 위해 업무에 집중했고, 주말에는 길게 뛰며 다음 한 주의 일을 구상했다. 도무지 풀 수 없는 업무상 난제를 만날 때면 허벅지 경련에도 마라톤을 완주하던 순간을 떠올렸다. 일에서의 체력과 맷집을 키우기 위해 달렸다. 악착같이 뛰다 보니 일의 지구력도 늘었다. 그렇게 내게, 일은 러닝을 닮아 갔다.

엘리트 러너를 보며 일의 방식을 배운다. 몸 관리, 리커버리(회복) 방법을 익히며, 아이디어를 얻는다. 선수라면 누구나 철저한 체중 조절, 식단 관리를 유지한다. 그들의 습관 하나하나를 내 것으로 만든다. 부상 방지를 위해 운동 후 폼 롤러 마사지, 얼음찜질도 한다. 충분한 스트레칭과 회복을 위한 수면도 필수다. 선수들은 목표 달성을 위해 작은 요소까지 개선한다. 문제를 정의하고 방법을 찾고 해결한다. 아테네 올림픽 마라톤 은메달리스트 멥 케플레지기Meb Keflezighi는 달리기에서의 성공 요소로 세 가지를 꼽는다. 좋은 목표good goals, 헌신commitment, 근면hard work이다. 그는 특히 좋은 목표를 강조하는데, 구체적인 계획의 목표를 의미한다.

"다른 사람의 기대에 부응하는 것이 아닌 온전히 나의 목표, 스스로 이루고자 하는 것이어야 한다. 좋은 목표는 일관성을 갖는 데 도움이 된다. 한결같음은 러너로서 성공하기 위해 꼭 필요하다. 목표는 불편함을 극복하고 성취 과정의 기쁨을 느끼게 한다. 목표를 좇는 것은 동기를 부여하고, 최선을 다하도록 만든다."[4] 그가 꼽는 성공 요소를 일에 대입해도 어색함이 없다. 달리기와 일 모두 목표가 중요하다.

동틀 녘 침대를 빠져나와 길 위에 서는 것, 혼자만의 레이스를 이어가는 건 쉽지 않다. 달리기는 편안함과는 거리가 있는 '불편한 움직임'이다. 하지만 일단 시작하고 한 발씩 내딛다 보면 그것은 '즐거운 불편함'이 된다. 혹한에 정강이가 저리고, 장대비에 흠뻑 젖어도, 러너라면 늘 이렇게 말할 것이다. "그래도, 뛰길 잘했다."

2

메이크원 ; PRRC,
내가 가면 길이 된다

킨포크가 주목하는 러닝 클럽

"운동화 고무바닥이 딱딱한 아스팔트를 박찼다. 그 감촉을 맛
보면서 구라하라 가케루는 소리 없이 웃었다. 발끝에 전해지
는 충격을 온몸의 근육이 유연하게 받아서 흘려버렸다. 귓가
에서 바람이 울렸다. 살갗 바로 밑이 뜨거웠다. 아무 생각 없
이도 가케루의 심장은 온몸에 피가 돌게 하고 폐는 막힘없이
산소를 빨아들인다. 몸이 점점 가벼워졌다. 어디까지든 달려
갈 것 같았다."

일본 소설 《바람이 강하게 불고 있다》[5]는 하코네 역전
마라톤에 도전하는 칸세이대학교 육상부의 이야기다. 천부적
인 육상 선수지만 그 외에는 모든 것이 서툰 사회학부 가케루,
아프리카에서 왔지만 달리기는 난생처음인 교환 학생 이공학
부 무사, 육상계에 잠시 몸담았으나 지금은 헤비 스모커가 된
이공학부 니코짱, 사법 시험을 패스한 철저한 분석파 법학부
유키까지. 속도와 주법은 저마다 다르지만, 그들은 한곳을 향
해 함께 달린다.

서울의 러닝 클럽 PRRC 멤버들도 마찬가지다. 페이스,
레이스 경력, 하는 일은 저마다 다르지만, '타타타타' 발소리
와 호흡을 맞춰 가며 매주 달린다. 정동길, 잠수교, 한강 남단

2023년 3월 서울 마라톤 주자 응원에 나선 PRRC 멤버들 ⓒ안성건

등 서울 곳곳을 가로지른다. PRRC의 서브 러닝 클럽 서울비너스SLVNS, 프라이빗 트랙Private Track 등의 정규런까지 하면 주 2~3회 발을 맞추는 셈이다. 서울 올림픽 마스코트 '호돌이', '그리스 코린토스 양식 투구' 등 PRRC 심볼 로고 유니폼을 입고서 그날의 결승선을 함께 딛는다.

　　클럽의 풀네임 'PRRC1936'은 'Private Road Running Club'의 약자에 손기정 선수가 금메달을 딴 베를린 올림픽 연도 1936을 더한 이름이다. 한국인 첫 올림픽 우승이란 업적을 기억하기 위함이다. 'Private Road'는 '혼자 달리든, 함께 달리든 각자가 달리는 그 길은 자신만의, 그리고 혼자만의 길

이 된다'는 뜻이다. 클럽의 대표 슬로건 '내가 가면 길이 된다'
에는 이런 의미가 담겼다.

인스타그램 스토리에는 점심시간 또는 퇴근 후, 여행
지, 출장지, 대회장에서 달리는 멤버의 모습이 속속 올라온다.
국내외 대회에 참가한 러너들은 수요일 그룹런을 마친 후 코
스 난이도, 대회 분위기를 리뷰한다. 완주 메달을 메고서 각
도시의 레이스를 브리프하고, 현지 러너와의 조깅, 파티 에피
소드를 나눌 때면 사뭇 진지하면서도 유쾌한 분위기가 이어
진다. 세계 메이저 대회 때 유니폼의 PRRC 로고를 보고 인사
해 오는 러너가 많다는 게 출전 멤버의 설명이다.

2023년 3월에는 각국의 러너가 PRRC와 한강변을 달렸
다. 글로벌 러닝 이벤트 BTG가 서울에서 열린 것이다. 자체
제작한 PRRC BDU(Battle Dress Uniform)를 전시 및 판매한 팝
업 스토어도 운영했다. BTG는 'Bridge The Gap'의 약자다.
'간극을 줄이자'는 의미로 전 세계 도시의 러닝 크루를 하나
로 모으기 위한 무브먼트다. 뉴욕 NYC Bridge Runners, 런
던 Run Dem Crew 멤버가 러닝 문화, 라이프스타일, 음악,
예술 분야의 교류를 위해 시작했다. BTG의 다른 러닝 클럽에
는 파리 Paris Run Club, 암스테르담 Patta Running Team,
뉴욕 Black Roses, 베를린 Berlin Braves, 홍콩 Harbour
Runners, 코펜하겐 NBRO 등이 있다.

PRRC와 해외 러너는 이벤트가 아니어도 수시로 교류한다. 한국에 온 외국 러너가 그룹런에 참가하고 PRRC 멤버도 게스트로 각국을 달린다. 서울 올림픽의 표어처럼 '세계는 서울로, 서울은 세계로'를 만들어 내는 PRRC를 두고, 글로벌 러닝 매거진《템포Tempo》는 "아시아에서 가장 영향력 있는 러닝 크루"라고 소개했다.

PRRC는 2013년 3월 DJ, 프로듀서 기반의 크리에이터 그룹 360사운즈 멤버 등 10여 명이 모인 게 시작이었다. 2023년 8월 기준 약 370명이 클럽에 속해 있다. 대표이자 주축 멤버는 정바울, 제임스 리 맥퀀James Lee McQuown, 그리고 메이크원(Make-1·이진복)이다.

메이크원 인터뷰 ; "전 세계 러닝 크루를 서울로"

클럽의 공동 설립자 메이크원은 뮤지션, 크리에이티브 디렉터, 디자이너 등 다양한 활동을 이어 오며 PRRC 정규런과 각종 이벤트를 리드하고 있다. 달리기와 PRRC 활동이 동력이 돼 '멀티'가 가능하다는 게 그의 설명이다. PRRC의 아이덴티티가 드러난 머천다이즈의 기획 및 제작, 나이키 등 브랜드와의 협업도 메이크원의 손을 거쳤다. 힙합 그룹 씨비매스CB Mass, 일 스킬즈Ⅲ Skillz에서 활동하기도 했다.

그는 현재 360사운즈의 멤버다. 360사운즈는 '서울이

메이크원 ⓒ안성건

라는 도시에 아주 신선한 문화를 제공한다'라는 슬로건 아래
디제잉 파티에서 레이블, 레코드 스토어, 디자인 스튜디오, 이
벤트 기획, 굿즈 제작 등으로 영역을 확대해 온 크리에이터 그
룹이다. 이 모든 것이 PRRC에 영향을 끼쳤다. 트렌드와 메인
스트림에 얽매이지 않는 라이프스타일, '멋'으로서의 러닝을
추구하는 메이크원을 만났다. 그는 PRRC 활동 10년, 러너가
서로 주고받는 영향에 대해 말했다.

국내 대표 러닝 클럽 중 하나다. 어떻게 결성했나.

PRRC를 시작하기 이전부터 모두가 친구였다. 러닝 클럽으로서 체계적이고 구체적인 부분은 정바울 대표와 함께 구상했다. 2013년 3월 그룹런을 시작하기 전에는 각자 동네를 달렸다. 수소문해서 마라톤 클럽에 참여해 보기도 했다. 하지만 동호회의 성격과 우리의 라이프스타일이 맞지 않았다. 자연스럽게 '직접 만들어 보자'라는 생각으로 발전했다.

CNN, 킨포크 등 해외 미디어도 주목한다.

해외 마라톤 대회를 나가면 전 세계 모든 러닝 클럽이 PRRC를 가족처럼 환대한다. 매번 감동과 감사를 느낀다. '우리도 그들에게 같은 경험을 주고 싶다'는 생각으로, 서울에서 BTG 등 이벤트를 열었다. 외국 러너와의 활발한 교류 덕에 해외 미디어의 관심을 끄는 것 같다.

해외 러닝 클럽과의 교류가 활발하겠다.

해외의 다양한 그룹런에 직접 참여했던 경험을 우리만의 스타일로 발전시켰다. 여전히 일본 AFE(Athletics Far East), 미국

KRC(Koreatown Run Club) 등 세계 곳곳의 러닝 클럽과 교류하면서 많은 점을 배운다. 이를 통해 PRRC가 성장하고, 러닝 클럽 문화가 발전하는 데 기여한다고 생각한다.

PRRC가 추구하는 방향은 무엇인가.

경험해 본 바로는 국내 동호회 중에 지나친 친밀함과 소속감을 요구하는 경우가 있다. 이로 인한 문제점도 있는 것 같다. PRRC는 그런 요소를 최소화하려 노력한다. 클럽에 모인 사람들이 서로 긍정적인 영향을 주고받길 원한다. 배려하고 응원하며 생기는 에너지를 통해 자연스럽게 발전하는 커뮤니티가 되길 바라고 있다. 여전히 시행착오를 겪으며 성장 중이다. 놓치지 않으려는 또 하나는 '멋'이다. 멋의 기준은 각자가 다르겠지만 PRRC는 러닝 클럽으로서의 멋을 기준으로 삼고 있다.

설립한 지 10년이 됐다. 기억에 남는 행사가 있나.

2017년 BTGSEL(Bridge The Gap Seoul) 첫 이벤트를 꼽고 싶다. '해외 러너들이 우리의 이벤트에 참여할까'라는 의구심이 들었지만 다양한 나라에서 왔다. 기획, 운영, 진행 등 모든 과정에 PRRC 멤버가 주도적으로 참여했다. 웰컴 파티, 대회 전

2023 BTGSEL ⓒ안성건

날 가볍게 뛰며 컨디션을 체크하는 쉐이크 아웃 런Shake Out Run,
레이스, 응원, 애프터 파티 등 여러 프로그램을 운영했다. 3월
서울 마라톤 전후에 열린다. 대회를 위해 방한한 각국의 러너
가 서울의 문화를 더 느낄 수 있도록 이벤트를 진행한다.

　　달리기는 혼자 하는 스포츠지만, 함께 달리며 얻을 수
있는 게 많다. 지칠 때 함께 구호를 외치며 힘을 더 끌어낸다.
그룹런 주자들과 페이스를 맞춤으로써 내 몸의 힘을 조절하
는 법도 익힌다. 클럽 러너들의 건강한 에너지를 통해 러닝 외
적으로도 많은 부분을 배우고 있다.

엘리트 선수도 초대한다. 특별한 이유가 있나.

비정기적으로 엘리트 선수 초빙을 진행한다. 아마추어 러너라면 대부분 경험하지 못한 엘리트 러닝 문화에 관심이 있다. 물론 PRRC의 목적이 엘리트 러너 육성은 아니지만, 잠깐이라도 선수들과의 훈련을 체험하면 동기 부여가 된다. 기록을 위해서 뛰던 선수들도 즐기는 러너와 함께하며 많은 영감을 받는다고 말한다.

언제 러닝을 시작했나.

나를 비롯해 1990년대 중·고등학교를 다닌 세대는 달리기를 체벌로 접하곤 했다. 어릴 적부터 러닝이 즐거움이 아닌, 좋지 않은 경험이 된 것이다. 그러다 입대 후 2년 넘게 거의 매일 구보를 했다. 이때 괴롭지만 '피할 수 없다면 즐기자'라는 마음을 갖게 됐다. 달리기가 그 어떤 운동보다 간단하면서 직관적이라 생각했고 제대 후에도 가끔 달렸다. 러닝에 본격적으로 빠지게 된 계기는 운동화다. 평소 관심이 많았는데 매 시즌 진보된 기술이 적용된 나이키 제품을 직접 체험하고 싶은 마음도 있었다.

왼쪽부터 PRRC 공동 설립자 정바울, 제임스 리 맥퀸, 메이크원
ⓒ안성건

지금까지 꾸준히 달리는 동력은 무엇인가.

당연히 나 자신을 위해서다. 건강을 위한 이유도 있지만 뛰는 동안 생각도 정리한다. 한때 더 잘 달리고 싶은 마음에 무리하다가 부상으로 몇 달간 뛰지 못했다. 즐겁게 오랫동안 달리는 것이 더 행복하다는 것을 깨달았다. 몇 년째 같은 코스를 달리고 있지만, 전혀 지겹지 않다. 달릴 때마다 몸의 컨디션이 다르기 때문이다. 그것을 온전히 느끼며 겸손해지곤 한다. 체계적인 달리기를 이어온 것은 PRRC 멤버의 영향이 크다.

함께 달린다는 것은 어떤 의미인가.

나의 루틴 중 하나는 러닝을 기록하는 것이다. 주로 인스타그램 등 소셜 미디어를 이용한다. 귀찮을 때도 있지만, 가끔 달리기가 지루해질 때 주변 친구의 러닝 포스팅을 보고 힘을 얻은 경험을 떠올린다. 뛰고 싶다는 자극을 나도 누군가에게 줄 수 있으리라 생각한다. 그래서 꾸준히 기록한다. 러닝 앱은 러너들과 교류하는 또 하나의 방법이다. 가민 GPS 시계를 나이키 러닝 앱 NRC와 스트라바 앱을 연동해 사용한다. 한때 기술에 의존하지 않고 내 몸을 느끼며 달리기도 했는데, 발전된 기술을 굳이 무시할 필요는 없는 것 같아 사용하고 있다.

기억에 남는 대회가 있나.

첫 국내 마라톤과 첫 해외 마라톤은 잊을 수가 없다. 안산 바닷길 마라톤은 PRRC를 만들고 얼마 지나지 않았을 때였다. 이태원 클럽 Cakeshop에서 360사운즈의 파티를 마치고 술이 덜 깬 상태로 달렸다. 기록보다는 마라톤 대회를 경험해 보자는 취지로 참가했다. 그때만 해도 국내 마라토너 대부분이 우리 부모님 세대였다. 참가자 연령대에 놀랐다. 젊은 사람은 열 손가락에 꼽을 정도로 적었다. 온몸에 바셀린을 찍어 바르

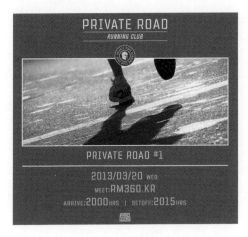

2013년 3월 PRRC 1회 그룹런 공지 ⓒPRRC

는 어르신의 낯선 모습에 충격을 받았다. 충분한 훈련 없이 참가한 터라, 막상 시작하니 할머니들에게 추월당했다. 정말 많은 생각을 하게 만든 대회였다.

첫 해외 마라톤은 어땠나.

도쿄 마라톤이었다. 호스트를 맡은 AFE, 전 세계에서 모인 러닝 클럽 멤버와 교류하며 우리가 나아가야 할 방향을 알게 됐다. 주로의 시작부터 끝까지 도쿄 시민들의 응원을 받으며 멈추지 않는 전율을 느꼈다. 그 순간을 위해 각자의 이유로 참가한 러너들을 보면서 크게 감동했다.

디제잉 등 여러 활동을 한다. 러닝에서 영감을 얻기도
하나.

내가 하는 여러 일은 모두 자연스럽게 연결된다. 데일리로 하
는 일은 AP(Ark Project) 팀에서 팀원들과 함께 다양한 제품을
기획하고 생산하는 것이다. 프로젝트 클라이언트는 아티스
트, 디자이너, 브랜드와 스토어 관계자 등 다양하다. 360사운
즈는 DJ들을 주축으로 다양한 이벤트와 프로젝트를 진행하고
있다. 나는 머천다이즈를 주로 기획한다. PRRC에서도 비슷한
역할을 맡고 있다. PRRC와 360사운즈 활동은 서로 영향을 주
고받는다.

스스로 어떤 러너라고 생각하나.

생각해 본 적은 없다. 하지만 주변의 PRRC와 해외 러닝 클럽
의 멤버로부터 많은 영감을 받고 있다. 나 역시 누군가에게 동
기 부여가 되는 사람이면 좋겠다.

3 굿러너컴퍼니 ; 팝니다,
달리기의 모든 것

러너들이 만든 러닝 스페셜티 브랜드

2023년 6월, 운탄고도 스카이레이스에서는 그간 국내에서 보기 드문 장면이 연출됐다. 해발 고도 1100미터 백두대간 원시림의 업힐과 다운힐을 따라 트레일 러닝 주자들의 모습이 실시간 중계됐다. 프랑스, 이탈리아, 스위스 세 개 나라를 지나는 세계 최대 트레일 러닝 대회 UTMB나 스페인, 프랑스, 이탈리아 일대의 골든 트레일 시리즈 등에서나 볼 수 있던 장면이었다. 굿러너의 유튜브 채널 '굿러너TV'는 2022년 운탄고도 스카이레이스 때부터 라이브 방송을 진행하고 있다.

42, 20, 12킬로미터로 구성된 대회가 진행되는 무려 8시간 20분 동안 라이브 스트리밍이 이어졌다. 선수의 수상 이력, 착용 장비, 대회 코스 소개와 입상자 인터뷰가 이어져 현장 분위기를 고스란히 느낄 수 있었다.

참가자 2000명의 국내 메이저 트레일 러닝 레이스를 주최한 굿러너컴퍼니는 국내 러닝 비즈니스 업계의 대표 격인 회사다. 2015년 달리기를 좋아하는 러너들이 모여서 설립했다. 직원 모두가 선수급 또는 준선수급 러너다. 러너들을 위한 이벤트와 대회를 기획·운영하고, 다양한 러닝 용품을 판매한다.

한국 대표로 아디다스 글로벌 본사의 이벤트에 초청받기도 했다. 굿러너는 자체 채널을 통해 현장의 레이스와 에티

2023 운탄고도 스카이레이스 유튜브 중계 영상 캡처 화면
ⓒ굿러너컴퍼니

오피아와 케냐 출신 레전드 러너의 토크 세션 등을 생생히 전했다. 2023년 6월에는 굿러너, 스포츠 브랜드 미즈노, 제주 러닝 클럽 JEJU RC의 러너 24명이 제주도 한 바퀴 245킬로미터를 달려서 완주하는 프로젝트를 진행했다.

굿러너가 국내 러너들의 적극적인 지지를 얻는 이유 중 하나는 로컬 러닝 문화를 확장하고 있기 때문이다. 새로운 코스를 만들고 입문자 프로그램도 운영한다. 2022년 11월 여성 러너들이 월계관을 쓴 모습이 굿러너 인스타그램에 올라왔다. '첫 10킬로미터 완주'를 돕는 굿러너 시스터즈 2기의 수료식이었다. 프로그램은 2023년 6월 3기를 배출할 만큼 여성

굿러너컴퍼니 서울숲점 ⓒ굿러너컴퍼니

러너들 사이에서 큰 호응을 얻었다.

2022년 굿러너는 메인 비즈니스를 대회 에이전시에서 러닝 용품을 판매하는 리테일로 전환했다. 이윤주 대표는 굿러너를 미국의 대표적인 러닝 전문 숍 SFRC(San Francisco Running Company)처럼 온·오프라인 리테일 서비스를 제공하며 러닝 커뮤니티를 갖춘 모델로 강화하고 있다고 말했다. 스트라바의 SFRC 러닝 클럽에는 1만 명이 넘는 로컬 러너가 멤버로 활동한다.

굿러너가 운영하는 매장은 서울숲점, 여의도점, 부산서면점 세 곳으로, 서울숲점은 약 30개의 러닝 및 아웃도어 브랜드 상품을 갖추고 있다. 매장에 가면 러닝 용품의 세부 스펙과 착용 경험을 상세히 소개받을 수 있다. 가령 아식스의 트레일 러닝화 트라부코 맥스의 경우 쿠셔닝과 접지력이 좋고 데일리 신발로도 적절하다는 점, 한두 사이즈 크게 신는 게 좋다는 점 등을 안내받았다. 실제 몇 달간 신어본 입장에서 크게 공감되는 피드백이었다. 매장 방문이 여의치 않다면 굿러너 TV를 통해 제품 후기를 볼 수 있다.

이윤주·김재희·송무경 인터뷰 ; "굿러너만의 커뮤니티와 리테일 서비스"

굿러너컴퍼니의 구성원들은 달리기가 좋아서 회사에 합류했다. 회사 자체가 러닝 커뮤니티라고 말할 정도다. 직급에 상관없이 서로를 윤주 님, 재희 님, 무경 님으로 부른다. 회의실보다 한강변에서 더 좋은 아이디어가 떠오른다는 이들에게 '일로서의 러닝'에 관해 들어 봤다.

멤버 모두가 러너다. 설립 계기가 궁금하다.

이윤주 대표(이하 이) 사실 정말 심플하다. 2014년 시작한 달리기가 너무 좋아서, 이걸 평생 하고 싶었다. 첫 8개월 동안은 친구들과 러닝만 하다가 '달리기를 비즈니스로 한다면 어떤

2022년 11월 JTBC 서울 마라톤에 참가한 굿러너컴퍼니 멤버들. 사진 왼쪽 첫 번째가 송무경 매니저, 다섯 번째가 김재희 매니저, 여섯 번째가 이윤주 대표. ⓒ굿러너컴퍼니

역할이어야 할까' 생각했다. 전 직장에 사표를 내고 2015년 김영준 대표와 러닝 이벤트를 기획하고 운영하는 회사를 창업했다. 패션 디자인을 전공했고 이전 회사에서도 관련 업무를 했기 때문에 초기엔 러닝 비즈니스와 관련한 인사이트가 부족했다. 서울의 많은 러닝 클럽을 방문하고 국내의 거의 모든 러닝 대회에 출전하면서 노하우를 익혔다. 그 과정에서 이벤트 기획으로 비즈니스 모델을 정했다.

러닝을 취미이자 일로 선택한 특별한 계기가 있나.

김재희 매니저(이하 김) 달리기 자체가 너무 좋아서. 굿러너의 일원이 된 가장 큰 이유다. 달리면서 경험하는 긍정적인 삶의 변화도 꼽을 수 있다. 하루의 피로가 누적됐을 때 뛰고 나면 오히려 활력이 넘친다. 뛰면 기분이 좋다. 러너가 많아지면 세상이 행복해질 것이다. 이런 걸 구상하고 누구와 함께할까 생각하던 시기에 멤버가 될 것을 제안받았다. 감사했다.

송무경 매니저(이하 송) 굿러너가 아디다스에서 각종 클래스를 운영할 때, 나는 달리기를 좋아하는 대학생이었다. 그곳을 자주 방문하면서 굿러너 멤버들을 알게 됐다. 로드 러닝만 할 때였는데 이윤주 대표의 남편이자 굿러너 초기 멤버인 예상국 대표를 통해 트레일 러닝에 입문했다. 멤버가 되고 싶다고 생각한 결정적인 이유는 굿러너가 러닝 분야에서 리테일과 이벤트를 함께 하는 몇 안 되는 회사이기 때문이다. 러닝화 라인업을 발굴하고 소개하는 방식에 큰 관심을 갖고 있다.

취미와 일의 경계가 모호해진 것 아닌가.

송 지난주에 6일을 뛰었다. 점심에 이어 저녁에 달린 날도 있다. 퇴근 후 굿러너 긍정 달리기의 페이서pacer를 하면 그게 일로 느껴질 수도 있지만, 내겐 일과 운동의 경계가 없다. 러닝을 업으로 삼고 있으니 운이 좋다고 생각한다. 뛰어서 행복하고, 일할 때 그것을 에너지로 삼는다.

이 아이가 태어난 지 일 년이 넘었다. 일과 운동의 밸런스를 신경 쓰지만, 개인적으로는 운동을 통해 육아의 선순환을 체감한다. 아이의 돌 무렵 마라톤에 출전했다. 오랜 기간 달렸지만, 또 새로운 걸 느꼈다. 러닝을 하면 엄마가 행복하고 그래야 아이도 행복하다는 것. 육아에 지쳐 운동을 하지 않으면 에너지 레벨이 많이 떨어진다. 귀찮고 힘들 수 있지만 뛰고 나면 그 에너지가 아기에게 간다. 자연스레 체력도 키웠다. 덕분에 풀코스에서 개인 최고 기록을 세웠다. 바쁜 일정으로 일에 집중이 안 될 때면 서울숲 일대를 달리고 온다. 러닝을 시작하지 않은 분들은 보름만 꾸준히 해볼 것을 권한다. 첫 주는 힘들 수 있지만 둘째 주까지만 이겨내면 습관이 된다.

국내에도 트레일 러너가 많이 늘었다.

김 코어 층이 점점 늘고 있다. 무경 님처럼 여러 해외 대회에 참가하고 진지하게 레이스에 임하고 UTMB까지 생각하는 러너가 많아졌다. 난이도가 높은 대회를 위해서 장비, 보온, 뉴트리션을 전문가 수준으로 준비한다. 필수 장비에 대한 수요가 날로 높아지고 있다.

송 50 또는 100킬로미터, 100마일(약 160킬로미터) 등 장거리를 준비하는 러너가 많아졌다. 국내외 트레일 러닝 대회, 해외 로드 대회 참가자가 늘면서 우리 레이스도 오픈 몇 분 만에 마감되곤 한다. 대회를 준비하며 매장을 방문하고, 굿러너 멤버의 장비 설명을 듣고 구매로 이어지는 경우가 많다. 레이스와 세일즈의 선순환이다. 굿러너와 협업하는 브랜드는 더 확대될 예정이다.

　　굿러너컴퍼니 설립 후 러닝 비즈니스 전반에 바뀐 점이 있나.

송 유튜브 생중계를 꼽고 싶다. 운탄고도 스카이레이스 라이브는 재희 님과 유튜버 제제 님이 진행했다. 국내에 그런 사례가 거의 없었다. 2022년 몽블랑 현지에서 UTMB도 실시간 중계했다. 라이브 이후 관련 문의가 급증했다.

이 플로깅plogging도 꼽고 싶다. 2018년만 해도, 스웨덴에서 유

2023 운탄고도 스카이레이스 ⓒ굿러너컴퍼니

래된 조깅과 쓰레기 줍기를 함께 하는 플로깅은 생소했다. 굿러너는 플로깅을 국내에 처음 소개했다. 도심에서 플로깅을 하면 주민들로부터 박수를 받는다. 그때 달리기를 하며 커뮤니티와 상생하는 것이 가능하다고 생각했다. 굿러너는 오프라인 이벤트를 여는 것과 동시에 새로운 러닝 정보를 전달하는 온라인 콘텐츠를 꾸준히 제작한다. 굿러너의 러닝 용품 리뷰는 제품 스펙, 장단점을 소개하는 데 그치지 않는다. 예를 들어 트레일 러닝 폴 제품을 설명할 때면, 스페인 트레일 러닝 대회 트랜스 그란 카나리아의 2022년 우승자가 쓴 것이라는 등 브랜드 히스토리를 덧붙인다.

굿러너 매장을 주로 찾는 사람들은 누구인가?

송 보통 러닝 용품 매장을 찾는 고객 중에는 남성이 많지만, 굿러너는 다르다. 남녀 성비가 비슷하다. 게다가 20~40대에 국한되지 않고 전 연령대가 굿러너의 고객이다. 매장에 입고된 아웃도어 브랜드 호카 오네오네의 경우 러닝화뿐만 아니라 일상화, 워킹화, 등산화 등 다양한 라인을 갖추고 있어 20대부터 부모님, 조부모님 세대까지 거의 모든 나이대의 분들이 찾는다.

김 최근 1년 사이 바뀐 점이 있다. 2022년까지만 해도 트레일 러닝 용품을 찾는 고객 중에는 30~40대 남성이 많았다. 로드를 달리다가 트레일에 관심을 갖게 된 경우가 다수였다. 2023년 들어서는 러닝을 시작한 지 얼마 안 된 분들도 트레일 러닝 제품에 많은 관심을 보인다. 트레일 레이스 참가자가 많아지고 주변 친구들이 시작하는 모습을 보며 영향을 받는 경우가 많다. 물론 모두 바로 구매까지 이어지진 않겠지만 신어 보고 구경하기 위해 매장에 오는 분들도 늘었다.

2023년 5월 굿러너 시즈터즈 시즌 3 참가자들 ⓒ굿러너컴퍼니

그래서인가, 초보 러너를 위한 프로그램이 많다.

이 굿러너 시스터즈가 대표적이다. 10킬로미터를 안 뛰어 본 러너가 대상인 프로그램이다. 포기하고 싶은 순간에도 서로를 독려하며 6주 트레이닝 과정을 마친다. 서울숲부터 한강까지 레이스를 마친 참가자 모두가 눈물을 흘렸다. 러너 사이의 연대감을 그 어느 때보다 강하게 느꼈다. 함께 달리는 힘을 체감했다. 비기너를 위한 보강 운동과 스트레칭 리스트를 만들고 러닝 리추얼을 형성할 수 있도록 도왔다. 굿러너는 달리기 입문자를 위한 다양한 프로그램을 꾸준히 제공할 계획이다.

굿러너가 추구하는 러닝 문화는?

김 러닝을 쉽게 접할 수 있도록 접근의 허들을 낮추고 싶다. 유튜브 채널을 기획하고 운영하면서 그런 고민을 많이 한다. 러닝 용품 중에는 어려운 기술적인 설명이 필요한 경우가 있다. 장비의 기능을 정확히 파악하되 굿러너의 언어로 쉽게 전달하려 한다.

이 회사 자체가 러닝 커뮤니티다. 멤버 한 명 한 명이 다 '굿러너'다. "퇴근하고 뭐해, 뛸까?" 그리고 함께 달린다. 42일 연속으로 주중과 주말에 달린 적도 있다. 서울숲, 한강, 북한산을 오갔다. 굿러너 매장은 호스팅 공간이기도 하다. 언제든지 달리러 와서 짐을 맡길 수 있다. 우리가 추구하는 러닝 문화는 이런 모습이다.

서울 고유의 러닝 문화는 어떤 것일까.

송 인구수가 많고 밀집도가 높은 도시인 만큼 자연스레 다양한 러닝 크루가 생겼다. 서울, 춘천, JTBC 마라톤 등 메이저 대회가 있을 때면 SRC(Social Running Crew)를 포함한 여러 서울의 러닝 클럽이 KRW(Keep Running Weird)라는 러닝 커뮤니티를 형성해 같이 이벤트를 연다. 서울은 전 세계적으로 '크루 문화'를 대표하는 도시가 됐다.

김 달리기를 시작했을 때만 해도 러닝 클럽이 몇 개 없었는데 지금은 생소한 크루가 많다. 달리기를 통해 자신의 목소리를 내고 색깔을 드러내는 방식이라 생각한다.

　　전국 각지에서 레이스도 연다.

김 2023년 6월 운탄고도 스카이레이스를 마치고 7월 동해, 8월 원주 다둔에서 연달아 대회를 개최했다. 한 달 만에 800명 모집이 가능할까 싶었는데, 동해 스카이레이스의 경우 하루 만에 정원이 다 찼다. 트레일 러닝 문화의 규모가 커지고 있는 것을 체감한다. 답사를 거쳐 코스 설계를 했다. 바다를 보며 능선을 달리는 코스가 있다.

송 동해 대회는 몇 년 전 산불이 났던 곳에서 열렸다. 풀이 다시 자라고 있다. 아픔이 있는 코스에서 '극복'의 메시지를 주고자 했다. '에코 하이킹'의 취지로 나무 심기를 진행하고 산불 방지 기부금을 냈다.

김 동해와 다툰 대회는 스페인, 프랑스, 이탈리아 일대의 골든 트레일 레이스 참가 자격이 주어지는 골든 트레일 시리즈에 포함된 국내 3대 레이스다. 다른 하나는 동두천을 달리는 코리아 50K다.

<u>오래 즐기면서 달리려면 어떻게 해야 하나.</u>

김 윤주 님과 함께 자주 뛴다. 정적인 회의실에서 얘기할 때보다 동적인 상황에서 좋은 아이디어가 나온다. 새로 출시된 러닝화를 신고서 서울숲과 한강을 따라 나란히 달리면서 제품 리뷰를 한다. 동호대교의 야경, 오후의 공기, 같은 걸 보고 느낄 때 생기는 유대감, 이런 것들이 좋아서 함께 달린다.

송 혼자 뛸 때와 함께 뛸 때를 구분하려 한다. 혼자일 때는 온전히 나에게 집중할 수 있다. 같이 달리면 같은 페이스로 뛰는 것만으로 팀 스포츠가 된다. 축구처럼 함께 하는 유대감을 느낀다. 해외에서 달리기라는 공통분모만으로 현지 러너와 친구가 되는 것도 색다른 경험이다. 2022년 베를린 마라톤, 시카고 마라톤에 참가했을 때 내가 속한 한국 러닝 클럽의 유니폼을 보고서 알아봐 주는 외국 러너가 많았다.

굿러너의 넥스트 스텝이 궁금하다.

이 '굿러너가 소개하면 신뢰한다'는 인식을 확대하는 것이다. 국내에 덜 알려진 생소한 브랜드와 장비를 소개할 때 고객들이 '굿러너니까'라는 생각과 함께 믿고 선택할 수 있게 하고 싶다. 중장기적으로는 해외 러너도 '한국에는 굿러너컴퍼니가 있다'고 인식할 수 있는 러닝 비즈니스 브랜드로 성장하고 싶다.

히맨 ; 고프로 들고
후지산 한 바퀴

엔지니어에서 트레일 러닝 유튜버로

트레일 러너 히맨He-Man의 유튜브 채널을 보다 보면 영화 한 편이 오버랩된다. 〈스쿨 오브 락〉, 〈비포 선라이즈〉 등으로 유명한 미국 리처드 링클레이터 감독이 각본, 제작, 감독을 맡은 영화, 〈보이후드〉다. 영화는 실제로 여섯 살 소년 메이슨이 열여덟 살이 될 때까지의 모습을 담았다. 12년 동안 매년 만나 15분 분량을 촬영한 일종의 프로젝트다. 메이슨이 학교에 들어가고, 새 아빠를 만나고, 사진에 빠져드는 일련의 모습이 그의 성장에 맞춰 전개된다. 이 작품은 12년간 같은 배우로 촬영했다는 아이디어와 연출, 연기가 호평을 얻어 아카데미 여우 조연상, 베를린 영화제 은곰상을 수상했다.

히맨의 '프로젝트'는 2012년 시작됐다. 그는 서귀포 일대를 달리는 제주 국제 트레일 러닝 대회 40K 레이스에 참가했다. 국내에 트레일 러너가 얼마 되지 않을 때였다. 영상에는 지금은 흔한 트레일 러닝 조끼 없이 다들 일반 배낭을 멘 모습이 보인다. 히맨은 본인의 첫 트레일 러닝 대회에서 넘어지고 지쳐서 주저앉는 장면을 영상에 고스란히 담았다. 11년 전 비기너였던 그는 2023년 4월 일본 후지산 일대 약 165킬로미터를 달리는 울트라 트레일 러닝 대회 UTMF를 완주했다. 그의 채널에서는 트레일 러너의 성장기를 만날 수 있다.

사실 인플루언서 히맨이 생각하는 채널의 아이덴티티

지리산 화대종주 트레일 러닝 영상 캡처 화면 ⓒ히맨

는 러닝보다 장거리 하이킹에 가깝다. 닉네임 '히맨'은 하이
킹 당시 만난 외국인 부부가 빠르고 힘차게 걷는 그를 보고
애니메이션 '우주의 왕자 히맨'을 닮았다고 하여 지어준 것이
다. 그는 2015년 미국 서부 약 4300킬로미터의 PCT(Pacific
Crest Trail) 종단을 영상에 담고 책을 출간하기도 했다. PCT를
걸으며 자연에 오래 머무는 것에 빠졌고, 하이킹에서 트레일
러닝으로 이어졌다는 게 그의 설명이다. 한국에서도 장거리
하이킹을 기대했으나 야영, 취사 금지 등 제약으로 트레일 러
닝의 비중을 늘리게 됐다. 서울, 제주, 거제, 운탄고도 등 국내
뿐만 아니라 일본 후지요시다, 태국 치앙마이 등 해외 대회까

지 끊임없이 달렸다. 러닝은 곧 꾸준함이라는 점을 상기한다면, 히맨은 영락없는 '러닝 매니악'이다.

꾸준히 달리고 꾸준히 찍는다. 히맨은 지리산 화대종주 트레일 러닝부터 동네 코스까지 늘 고프로를 들고 달린다. 360도 카메라도 챙긴다. 장거리 트레일 러닝이 코스에 따라 5시간에서 40시간 이상 소요되는 것을 감안하면 '그냥도 힘든데, 저걸 들고서?'라는 생각이 절로 든다.

그가 이토록 기록에 집착하는 것은 도리어 '기록하지 못한' 경험 때문이다. 2010년 참가한 대한산악연맹 한국 청소년 오지 탐사대 당시 그는 기록 담당 대원이었다. 고산병이 의심되는 증상으로 인해 운행 일지 다수에 여백을 남겼다. 기록되지 않은 경로는 결국 변형되거나 잊혔다.[6]

코스 설명, 장비, 레이스 후기 등 특유의 꼼꼼한 기록 덕분에 유튜브 채널 히맨은 트레일 러너와 하이커 사이에서 모르는 이가 없을 정도다. 서울 강북 다섯 개 산을 종주하는 '불수사도북(불암산-수락산-사패산-도봉산-북한산)'을 촬영한 히맨의 영상과 산악 매거진《월간산》의 인터뷰를 보고서 나 역시 친구와 종주에 도전하기도 했다.

산에 있을 때가 가장 편하다는 그는 늘 웃음을 잃지 않는다. 레이스 중후반 체력이 바닥나고 어떠한 악천후에도 즐겁게 달린다. 자연과 러닝, 각종 액티비티를 즐기는 그의 순수한 열정이 돋보였다.

히맨 인터뷰 ; "10년 넘게 아카이빙, 나의 러닝 성장 일기"

히맨으로 이름을 알리기 전, 그는 평범한 직장인이었다. 김희
남으로서의 그는 대학에서 기계 공학을 전공하고 건설사에
들어갔다. 홍해가 보이는 사우디아라비아 플랜트 건설 현장
이 그의 부임지였다. 하지만 그곳에서의 생활은 그리 오래가
지 않았다. 사계절을 보내고서 사표를 냈다. 매일 오전 6시부
터 14~15시간 이어진 일과에 따른 피로, 반복되는 일상의 무
료함이 이유였다. 대학 시절 티베트의 6200미터 고봉을 등정
하고 마라톤, 트레일 러닝을 즐겼던 그에게 활동 제약이 심한
중동의 건설 현장은 달라도 너무 달랐다. 그는 이후 앱 개발
스타트업에서 일했고 지금은 아웃도어 촬영을 지원하고 캠핑
프로그램을 기획하는 프리랜서로 활동하고 있다.

히맨의 러닝 루틴 코스인 북한산과 불광천 사이 카페에
서 그를 만나 일과 액티비티에 관한 다양한 이야기를 들어 봤
다. 유튜브 영상에서처럼 차분하면서 해맑은 그의 모습이 인
상적이었다. 하반기와 내년을 목표로 준비 중인 울트라 레이
스와 각종 프로젝트를 설명할 땐 진중함이 느껴졌다.

2022년 12월 태국 치앙마이 도이 인타논(Doi Inthanon) 100K 대회 ⓒ허맨

달리면서 촬영까지 하기가 쉽지 않을 텐데.

사진은 보는 사람에게 많은 상상을 불러일으킨다. 그게 좋을 수도 있지만, 나는 있는 그대로를 보여 주고 싶다. 예전 영상을 보면 어느 순간 거울을 보는 느낌이 든다. 나를 알아 가는 과정이라 생각한다. 고프로를 왼손에 든 상태로 러닝과 하이킹을 하면 힘이 드는 건 사실이다. 하지만 시간이 지나면 미화된다. '그때 좋았지' 하는데, 막상 영상에서는 지금 생각과 다르게 말한다. 2010년 청소년 오지 탐사대 때의 경험이 큰 영향을 줬다. 힘들더라도 카메라를 한 번 더 켠다.

챙길 장비도 많을 것 같다.

제법 된다. 기본 세팅은 카메라 외에 아웃도어 시계, 골전도 이어폰, 러닝 벨트, 소프트 플라스크 정도다. 장거리 코스에서는 조끼를 착용하지만 아무래도 답답해 평소 훈련이나 짧은 코스에서는 웨이스트 벨트만 사용한다. 보급이 어렵지 않다면 60킬로미터까지는 벨트만으로 가능하다.

어떤 사람들이 주로 구독하나.

대부분 30~50대 남성이다. 성비는 남성이 90퍼센트 이상이다. 대회 콘텐츠를 많이 본다. 지리산 화대종주 트레일 러닝, 일본 UTMF 영상의 반응이 좋았다.

닉네임과 유튜브 콘셉트가 잘 맞는다.

PCT 8일 차에 만난 외국인 부부가 지어 줬다. '넌 희남이 아닌 히맨'이라면서. 안 쉬고 걷긴 했다. 히맨 하면 이미지가 기본적으로 히어로다. (웃음) 장거리 하이킹 중에 부상으로 힘들 때도 한 번 더 생각하게 되더라. 지쳐 쓰러져 있는 모습의 히어로 히맨은 뭔가 어색하지 않은가.

구상 중인 유튜브 콘텐츠가 있나.

채널은 지금처럼 트레일 러닝 대회와 그걸 준비하는 콘텐츠에 집중하려 한다. 구독자 모임도 계획 중이다. 유튜브에서는 나 자신을 '기록하는 하이커'로 소개하지만, 지금은 러닝에 집중하고 있다. 장기적으로는 러닝뿐만 아니라 클라이밍, 다이빙, 카약, 백패킹까지 다양하게 보여 주고 싶다. 여러 액티비티가 한데 모인 히맨만의 하이킹을 보여 주려 한다.

어떻게 하이커에서 트레일 러너가 됐나.

2015년 PCT를 완주하고 한국에서도 백패킹을 길게 하고 싶었다. 다만 국내는 야영, 취사의 제약이 많았다. 하이킹을 하면서 러닝도 병행했다. 몇천 킬로미터를 걸었는데 50, 100킬로미터 달리는 것도 할 수 있지 않을까 생각했다. 달리기도 기록으로 남기고 싶었다. 꾸준히 달리며 점점 러닝에 빠져들었다. 하프 마라톤, 풀코스를 차례로 뛰고 나니 웬만한 거리에 자신이 생겼다. 첫 트레일 러닝은 2012년 제주에서였다. 사우디에서 일할 당시 휴가 중에 40킬로미터에 출전했다. 레이스 초반 오버 페이스를 하고 나무에 걸려 넘어지면서 '마라톤과는 다르네', '이렇게 계속 달릴 수 있을까' 생각했다. 우여곡절

끝에 겨우 결승선에 들어왔다. 그래도 나쁘지 않은 경험이었다. 이후 70, 100킬로미터 등 레이스에 참가했다.

어려움은 없었나.

2022년 12월 태국 치앙마이 도이 인타논 100K 대회에선 처음 DNF(Did Not Finish·완주 실패)를 기록했다. 레이스를 겨우 끌고 갔는데 극심한 복통으로 안 되겠다는 생각이 들었다. 같은 고비가 UTMF 100마일에서도 왔다. 또다시 완주를 못 한다는 생각에 두려움이 몰려 왔다. 다만 태국 때와 달랐던 점은 응급 상황에 철저히 대비한 것이다. 태국에서 만난 여러 선수의 조언대로 소화제, 지사제 등 비상약을 빠짐없이 챙겼다. 응급 상황, 컨디션 난조 등 악조건에 대비하는 능력이 생겼다.

계속 도전하는 이유가 궁금하다.

100마일 대회 특유의 에너지가 있다. 로드 레이스인 춘천 마라톤 때도 비슷한 걸 느꼈다. 주자들 가운데 발소리만 들린다. 결연함이 있다. 그 소리를 들으며 완주 의지를 다진다. 일본 대회도 그렇다. 워낙 장거리다 보니 막판에 절뚝거리며 레이스를 이어 가는 러너도 있다. 그런 사람을 보며 공통적으로 드는 생각이 있다. '어떻게든 완주할 것 같다'는 것이다. 100마일은 160킬로미터다. 정말 마니아틱한 대회다. 참가자와 대회 운영진에 대한 존경이 절로 든다. 후지산 둘레를 달리며 여러 마을을 가로지르는 레이스는 동네마다 주민들이 나와서 축제처럼 응원한다. 레이스 내내 감동이다.

해외 트레일 러닝 대회만의 특징이 있나.

일본 UTMF의 경우 100마일 전체 구간에서 계단이 나온 적이 거의 없었다. 자연을 있는 그대로 둔다. 우리나라와는 많이 다른 점이다. 한국은 빠른 이동을 위해 자연을 과도하게 개발하는 측면이 있다. 이전에는 자연 보전에 별다른 관심이 없었는데, 직접 걷고 달리면서 자연의 변화를 보다 보니 문득 안타까운 마음이 들었다.

영상을 보면 러너들과 교류가 많다.

트레일 대회에서 자주 보는 얼굴들이 많으니 친해지게 된다. 로드 레이스보다 확실히 트레일에 그런 분위기가 있다. 트레일 러닝에 관심이 있다면 입문용으로 강원도 정선에서 열리는 운탄고도 스카이레이스를 추천한다. 장거리에 관심이 있

일본 UTMF 100마일 완주 모습 ⓒ히맨

고 트레일 러닝 문화를 알고 싶으면 사흘에 나눠 진행되는 제주 국제 트레일 러닝 100K를 권한다. 제주 대회의 경우 아침에 레이스 시작해 점심이면 마친다. 2박 3일간 함께 달리고 지내다 보면 금세 친해진다. 여행하는 느낌이다.

<u>영향받은 러너가 있나.</u>

2022년 제주 국제 트레일 러닝에서 산악인 박정헌 대장님을 만났다. 히말라야 6400킬로미터급 촐라체 등정 후 조난 사고로 손가락과 발가락을 잃은 분이다. 사고 이후 세계 최초로 패

러글라이딩으로 히말라야 산맥 2400킬로미터를 넘기도 했다. 트레일 러닝까지 하시는 줄 몰랐는데 몸 관리를 철저하게 하고 완주까지 했다. 손가락 신경을 다쳤던 때가 떠올랐다. 젓가락질만 해도 불편한데 박 대장님은 어떤 마음가짐으로 육체적 한계를 극복하는지, 끊임없이 새로운 도전에 나서는지 궁금했다. 또 국내 대회 최정상급인 김지섭 선수의 기록을 보며 감탄했다. 오지 탐사대 OB 중에도 트레일 러너가 많다. 친구들을 보며 자극도 받는다. 입상까진 아니어도 국내에서 가장 잘 뛰는 트레일 러닝 크리에이터가 되고 싶다.

프리랜서로 어떤 일을 주로 하나.

트레일 러닝, 하이킹 콘텐츠가 종종 매개가 된다. 영상을 보고 연락이 닿아 일로 연결되는 경우가 많았다. 서울 일대를 달리는 서울 100K 주최 측과도 그렇게 연결됐다. 충남 가야산 일대의 내포문화숲길에서 다양한 아웃도어 프로그램도 기획했다. 국가 숲길로 지정된 이곳은 가야산 주변 네 개 시군에 걸친 320킬로미터의 장거리 트레일이다. 숲길 백패킹, 트레일 러닝 클래스 등 아웃도어 활동을 만들었다. 그때 시작한 사찰 백패킹 프로그램 기획을 현재까지 이어 오고 있다.

러닝과 액티비티, 일의 구분이 따로 없는 것 같다.

맞다. 일이라 생각하지 않고 재미있는 것을 만든다는 생각으로 임한다. 그래서인지 스트레스를 받는 일이 거의 없다. 그나마 있다면 새로운 콘텐츠에 대한 부담 정도다. 아웃도어 활동으로 수익이 발생하지만, 이것을 일로 생각하는 것을 경계한다. 장거리 하이킹 이후 아웃도어 회사에서 제안도 해왔으나, 내가 좋아하는 액티비티를 일로 하면 행복하지 않을 것 같다는 생각이 들었다. 수입이 고정적이지 않은 건 고민이다. 백패킹 클래스의 경우 코로나19 시기를 지나며 모객이 어려워졌다. 조촐하게 하니까 집중적으로 진행할 수 있는 건 좋다.

안정적인 직장을 그만두기 쉽지 않았을 텐데.

해외 현장에서 일하니 수익은 넉넉했다. 그런데 문득 삶에 있어 돈이 최우선은 아니라는 생각이 들었다. 사직하고 그간 하고 싶었던 것을 마음껏 해보자는 생각으로 귀국했다. 클라이밍, 다이빙도 그때 시작했다.

2015년 PCT 하이킹 완주 지점인 미국과 캐나다 국경에서 ⓒ히맨

어려서부터 달리기를 좋아했나.

평발이라 장거리는 전혀 못 뛰었다. 발의 아치가 낮아서 수술
도 고려했다. 20대 중반까지 교정 깔창이 필수였다. 장거리를
시작한 건 군대에서의 규칙적인 생활 덕분이다. 행군과 구보
를 꾸준히 하면서 발바닥 근력이 발달했다. 장거리 러닝에 관
심이 생긴 것도 그때였다. 전역 후 학교 동아리 선배와 첫 하
프 마라톤을 뛰었다. 그때 기록이 여전히 PB(Personal Best · 개
인 최고 기록)이다. 태권도를 취미로 할 때라 순발력과 근력이
남달랐다.

달리기로 신체적 핸디캡을 극복한 것인가.

하프를 뛰고 나서 그간 경험하지 못한 성취를 느꼈다. 자연스레 풀코스에도 도전했다. 2020년부터 제대로 뛰어 보자 생각했다. 월평균 러닝 200킬로미터, 턱걸이 1000~1500개를 꾸준히 한다. 작은 부상에도 마일리지를 채우려 무리해서 달린 적도 있다. 결국 족저근막염 등 부상에 시달렸다. 몸에서 보내는 신호를 받아들이고 강도를 조절하는 게 중요하다는 걸 깨달았다. 지금은 몸 상태에 따라 운동량을 조절한다. 꾸준함은 내가 스스로 강점이라 생각하는 포인트 중 하나다. 목표를 잡으면 타협 없이 실천한다.

꾸준히 달리는 코스가 있나.

집 뒤편의 언덕을 넘으면 은평 둘레길, 서울 둘레길이 연결된다. 진관사 입구가 있는 은평 한옥마을까지 왕복 8킬로미터를 달린다. 주로 밤에 헤드램프를 착용하고 조용한 트레일에 나선다. 코로나19 이전에는 주로 천변을 달렸는데, 이후에는 트레일이 메인 코스가 됐다.

계속 달리는 이유가 궁금하다.

대부분 러너가 마찬가지일 것이다. 달릴 때 강렬하게 살아 있음을 느낀다. 일상생활을 할 때면 심장이 뛰는지 아닌지 모르고 지낸다. 숨이 턱까지 차오를 때 비로소 강렬하게 뛰는 심장을 느낀다. 그때 '내가 살아 있구나'를 새삼 깨닫는다. 바보처럼 웃기도 한다. 러너스 하이인 것 같다. 트레일을 항상 숨이 차도록 뛰는 건 아니다. 산과 자연에 오래 머무는 것이 좋다. 과거에는 자연을 '운동장'으로 생각했다. 체력을 위한 도구로 여겼다. 하지만 산을 달리고 하이킹을 꾸준히 하면서 도전이 아닌 라이프스타일로 여기게 됐다. 욕심을 내려놓고 '그저 가보자' 생각한다. 주로 혼자 달린다. 산을 달리며 명상하고 생각한다. 가만히 있을 때보다 운동할 때 오히려 생각을 많이 한다.

5 클로이 핼리버튼 ;
오리건에선 모두가 달린다

포틀랜드, 비버튼, 유진

오리건 포틀랜드에 위치한 러닝 전문 숍인 PRC(Portland Running Company)는 요일별로 산악, 트랙, 강변 등 다양한 코스에서 그룹런을 진행한다. 포틀랜드, 비버튼 등지에서 러닝 용품을 판매하는 오리건 대표 리테일 업체 PRC는 1995년 처음으로 문을 열었다. 내가 로컬 러너와 교류한 것도 이곳에서다.

2019년 10월 포틀랜드를 방문했을 때, PRC의 수요일 아침 트레일 러닝에 참가했다. 현지 러너들을 따라 오솔길을 달리며 오리건의 대자연을 느끼고 싶었다. 도심 어디서나 보이는 마운트 후드Mt. Hood 만년설의 풍광은 경이로웠다. 오전 6시라는 집결 시간, 교외까지 이동 거리가 다소 부담이었지만 일정상 다른 선택지는 없어 보였다. '6~9K 러닝, 모든 러너 환영.' 짤막한 PRC 게시글을 확인했다. 그리고 그룹런 당일 새벽, 집결지로 향하는 버스 안. 공지 문구를 다시 보았을 때 내가 향하는 곳이 숲이 아닌 '산'임을 알아차렸다. "언덕을 좋아하길 바랍니다Hope you like hills!"

그날 한 시간 남짓의 러닝은 나이키 캠퍼스와 함께 오리건에서의 최고 경험이었다. 시내에서 몇 블록이면 닿을 수 있는 원시림, 수십 년 역사의 러닝 커뮤니티, 누구나 언제든 함께할 수 있는 다양한 그룹런, 트랙과 필드 인프라까지. 그곳

일출을 기다리는 PRC 멤버들. 포틀랜드 시내와 마운트 후드가 보인다. 오른쪽이 핼리버튼. ⓒ신성헌

에서 보고 느낀 게 이 책의 구상으로도 이어졌다.

오리건 러닝을 말할 때 빠질 수 없는 곳이 오리건주 서부에 위치한 도시 유진Eugene이다. 트랙 타운이라 불릴 정도다. '스마일 점퍼' 우상혁 선수가 은빛 도약을 펼친 2022 세계 육상 선수권 대회의 개최지로, 포틀랜드에서 차로 두 시간 거리에 있다. 그간의 개최 도시가 주로 런던, 베이징, 모스크바, 대구, 베를린, 파리 등 메트로폴리탄급 도시였던 점을 감안하면, 인구 17만 명의 소도시가 세계 4대 스포츠 대회를 성공적으로 개최했다는 점에서 트랙 타운, 트랙 수도 유진의 저력을 엿볼 수 있다. 인구수로 보면 우리나라 충남 서산시에 못 미친다. 유진의 러닝 문화를 두고 혹자는 과장을 보태 "토요일 오전 그곳에는 운전하는 사람보다 달리는 사람이 많다"고 한다.

연중 오리건 전역의 러닝 대회는 600개가 넘는다. 레이스 대부분이 주말에 열린다는 걸 고려하면 단일 주에서 매주 토, 일요일마다 달리기 경주가 여섯 개씩 열리는 셈이다. 참고로 한국에서는 2022년 한 해 동안 약 350개, 이전 해에는 약 390개가 열렸다. 마라톤뿐만 아니라 개화기 튤립을 보며 즐기는 트레일 러닝, 와이너리 릴레이, 머드 레이스 등 대회 면면을 보면 누구나 즐기는 지역 축제인 것을 알 수 있다. 모두가 달리고, 모두가 즐긴다.

클로이 핼리버튼 인터뷰 ; "나이키 홈타운 오리건, 러너의 도시"

오리건이 러너에게 특별한 이유가 궁금하다면 오리건을 달리는 사람에게 질문을 던져야 할 것이다. 내가 참가한 그룹런의 리더이자 유진, 포틀랜드 등 오리건 전역을 대표하는 육상 선수로 활약한 클로이 핼리버튼Chloe Hallyburton은 그 점에서 완벽한 인터뷰이였다. 지역 언론에도 소개될 정도로 유명 인사인 핼리버튼은 대학 시절엔 크로스컨트리, 높이뛰기, 허들 등 종목의 선수로 활약했다. 현재는 포틀랜드에서 DPT(Doctor of Physical Therapy·물리 치료사)로 일하고 있다. '러너를 돕는 일'

뒷줄 오른쪽이 핼리버튼 ⓒ핼리버튼

을 업으로 하는 이유는 순전히 달리기가 좋아서다. 오리건 엘리트 러닝과 아마추어 러닝 모두를 경험하고 여전히 현지 달리기 커뮤니티에서 활동하는 그에게 오리건이 어떻게 러너들의 성지가 됐는지 러닝 커뮤니티가 발달한 이유는 무엇인지 들어 봤다.

오리건 사람들의 달리기 사랑은 유별나다. 이유가 뭘까.

이곳의 아마추어 러닝이 활발한 것은 엘리트 러닝이 발전한 이유와 같다. 오리건이 육상계에 큰 영향을 끼치는 요인은 유구한 역사도 있지만, 미국 최고 수준의 육상 인프라도 무시할 수 없다. 사계절 쾌적한 기후, 아름다운 자연 등 달리기를 즐길 수 있는 환경을 두루 갖췄다.

오리건은 겨울에 비가 많이 내리는 것으로 유명하다. 눈은 거의 내리지 않기 때문에 도로는 늘 깨끗하다. 이곳의 러너들은 비를 맞는 것에 거리낌이 없다. 그것을 '강인함'으로 여긴다. 한겨울에도 보온만 신경 쓰면 문제 될 것이 없다. 여름 낮에는 고온일 때가 있지만 아침, 저녁에는 선선하다. 일년 내내 달리기에 적합한 날씨 덕분에 많은 대회가 열린다.

도심과 자연이 매우 가까운 것도 오리건, 포틀랜드가 '러너의 도시'인 이유 중 하나다. 이곳의 대자연은 트레일 러너를 끌어들인다. 포레스트 파크는 미국에서 가장 큰 도심 공원 중 하나다. 여기에는 러너와 등산객이 이용할 수 있는 110킬로미터 이상의 산책로가 있다. 도시 외곽에는 마운트 후드 국유림, 컬럼비아강 협곡 등이 있다. 오리건은 하나의 거대한 놀이터다. 모든 유형의 야외 활동이 가능한 곳이다.

그렇게 만들어진 특유의 러닝 컬처란 무엇인가.

일단 엘리트 선수들을 자주 볼 수 있다. 훈련하는 모습뿐만 아니라 레이스를 접할 기회도 많다. 포틀랜드에는 엘리트 주자들이 출전하는 여러 트랙 이벤트가 있다. 10달러의 입장료만 내면 누구나 러닝을 관람할 수 있다. 이 모든 것이 로컬 러너에게 영감을 준다.

그와 연결되는 이곳만의 문화가 분명히 있다. 오리건 러닝 문화의 중심에는 빌 바우어만 코치가 있다. 그는 오리건 포틀랜드에서 태어나 1948년부터 25년간 오리건대 육상팀 코치로 활동했다. 바우어만 코치는 재직하는 동안 수많은 챔피언십 우승자와 스티브 프리폰테인 등 올림피언 33명을 배출했다. 미국 전역의 엘리트 코치와 러너가 오리건대로 모여들었다. 그가 부임했을 당시 달리기는 주로 엘리트 선수를 위한 스포츠였다. 바우어만은 일반인에게도 러닝을 장려했다. 이곳에서 엘리트 러닝과 아마추어 러닝이 긴밀하게 연결될 수 있던 이유다.

많은 월드 클래스 러너가 오리건 출신이다.

오리건대 육상 프로그램은 미국 최고 수준이다. 전국의 엘리트 주자가 그곳으로 몰려든다. 나이키 오리건 프로젝트를 이끌던 알베르토 살라자르Alberto Salazar 코치가 도핑 혐의로 강제 은퇴하는 불미스러운 일이 있었지만, 대부분의 나이키 소속 엘리트 선수는 '깨끗한 스포츠'에 전념하고 있다. 그들은 계속해서 미국을 대표해 국제 대회에 출전하고 있다.

오리건은 다수의 국내 및 국제 대회를 개최했다. 약 100년 역사를 가진 UO 육상 시설 헤이워드 필드는 올림픽 트라이얼, 미국육상경기연맹USATF 챔피언십, 나이키 프리폰테인 클래식 등 메이저 대회가 개최된 곳이다. 2022년 세계 육상 선수권 대회도 이곳에서 열렸다.

대학뿐만 아니라 고등학교 수준에도 뛰어난 코치진과 선수진이 있다. 포틀랜드 출신의 투포환 선수 라이언 크라우저Ryan Crouser는 고등학교 시절 늘 '톱 랭커'였다. 그는 2016년, 2020년 올림픽, 2022년 세계 선수권에서 금메달을 땄다. 그의 아버지와 삼촌도 1980년대 엘리트 선수였다. 오리건에는 이런 선수가 많다. 이런 오리건의 육상 역사는 스포츠의 현재와 미래에 계속 영향을 미친다. 엘리트 육상 선수는 연중 많은 훈련을 콜로라도에서 소화하지만, 그들 다수의 본거지는 나이키가 있는 비버튼과 포틀랜드다. 이곳에서도 정기적으로 훈련한다.

나이키의 '홈타운'이기도 하다.

오리건 러닝 문화를 말할 때 빼놓을 수 없는 것이 나이키다. 나이키는 1970년대 러닝 붐과 함께 성장했다. 당시 미국에는 건강을 위해 달리는 일반인이 많이 늘었다. 지역 레이스와 러닝 클럽의 인기도 높아졌다. 나이키는 러닝화를 개발하고 보급하는 동시에 바우어만 5K와 같은 지역 대회를 꾸준히 지원한다. 세계적인 엘리트 러너와 인재들이 오리건에 모여들게 하는 것 역시 나이키가 지역에 기여하는 지점이다.

활동하고 있는 PRC는 어떤 곳인가.

PRC는 약 30년 전 전문 러닝 숍으로 출발했다. PRC 매장과 연계된 러닝 클럽은 설립 초기부터 지금까지 활동을 이어 오고 있다. 포틀랜드에는 많은 클럽과 매장이 있다. 러닝 클럽과 러닝 숍을 함께 운영하는 방식은 PRC가 선도한 것으로 알고 있다.

PRC는 매우 개방적이다. 모든 러너를 받아들인다. PRC는 내가 이끄는 수요일 아침 트레일 러닝을 포함해 거의 매일 그룹런을 운영한다. 여행객 등 다른 지역에서 온 많은 사람이 참여한다. 코스 안내를 돕는 러너들이 있어 낯선 도시를 구경하는 색다른 방법이 된다. 나는 2013년부터 PRC 러너들과 달렸다. 가장 좋아하는 그룹런은 화요일 저녁 트랙 러닝이다. 일요일 장거리 러닝은 다양한 경로를 달리고 싶은 주자에게 적합하다. PRC에는 아마추어 러너가 주로 참여하는 그룹런 외

포틀랜드 와일드우드 트레일Wildwood Trail을 달리는 PRC 멤버
들 ⓒ핼리버튼

에 레이스팀도 있다. 레이스팀에 속하면 그랑프리 시합에 참
가할 수 있다. PRC의 분위기는 편안하고 친근하다.

오리건에는 정말 많은 레이스가 있다.

나는 울트라 마라톤을 포함한 여러 대회에 참가했다. 가장 기
억에 남는 대회는 HTC(Hood to Coast·후드 투 코스트) 릴레이
다. 후드 투 코스트는 여러 주자와 팀을 구성해 해발 약 3400
미터 마운트 후드에서 협곡과 트레일을 지나 오리건 시사이
드 해변까지 약 320킬로미터의 대자연을 달리는 릴레이 경주

HTC 릴레이에 참가한 핼리버튼 ⓒ핼리버튼

다. 이 대회는 1982년에 여덟 개 팀이 경쟁하는 것으로 시작했고 지금은 전 세계에서 1000개 이상의 팀이 참가한다. 미국 전역 및 세계로 확산해 유럽, 이스라엘, 중국, 대만 등지에서도 HTC 릴레이가 개최된다.

일반적으로 여덟 명에서 열두 명의 주자가 한 팀이다. 각 주자는 전체 코스를 세 개 구간으로 나눠 달리고 밴 두 대의 물자 지원을 받을 수 있다. 우리 팀은 여덟 명이었고 밴이 한 대였다. 이 대회는 빠른 레이스 외에도 물자 이동에 세심한 주의를 기울여야 한다. 밴이 정확한 타이밍에 주자 교체 지역에 도달해야 한다. 이 대회의 독특한 특징이다. 나는 24시간

동안 총 32킬로미터 이상을 달렸다. 한낮의 더위와 한밤의 졸음을 견디고, 몸을 극한의 단계로 밀어붙이며 많은 것을 배웠다. 우리 팀은 혼성 부문에서 13위를 차지했다. 주자들 서로를 응원하는 과정이 즐거웠고 각별한 팀워크를 느꼈다.

본인도 육상 선수로 활동했다.

열두 살 때 육상팀에 들어갔고 고등학교 때까지 농구팀을 병행했다. 주로 단거리 달리기, 높이뛰기, 허들 종목에 참가했다. 대학교에 가서 육상에 전념했다. 주 종목은 높이뛰기와 400미터 허들이었다. 대학 졸업 후에는 육상팀에 속하는 대신 장거리 달리기를 시작했다. 당시 나는 박사 과정 중이었고 러닝은 집중을 유지하는 데 도움이 됐다. 10킬로미터, 하프마라톤 대회에 주로 참가했고 기록을 꾸준히 향상했다.

함께 뛰는 사람이 있을 때 달리고자 하는 의욕이 더 강해진다. 육상팀과 러닝 클럽에서의 경험 덕이다. PRC에서 매주 트랙, 장거리 러닝을 하면서 다른 지역 주자를 만나고 곧친구가 된다. 클럽 멤버들과 약 32~48킬로미터씩 포틀랜드근교와 새로운 지역을 천천히 달린다. 달리기는 도시를 새롭게 보고 새로운 곳을 여행하는 좋은 방법이다. 지역 러닝 커뮤니티는 내가 달리기를 해오면서 가장 좋아하게 된 활동이다.

포틀랜드의 대자연을 접할 수 있는 코스를 추천한다면.

로드 러닝을 한다면 윌래밋강을 따라 달릴 것을 추천한다. 다운타운과 가깝고 다리를 건너며 순환 코스도 경험할 수 있다. 포장된 보행로가 있어 달리기에도 수월하다. 도심 밖에는 러닝과 자전거 타기에 좋은 해안 도로 마린 드라이브, 탐방로 록 크릭 트레일, 파노 크릭 트레일이 있다. 시내에서 가장 높은 지점까지 달리려면 카운슬 크레스트 파크로 가면 된다.

트레일을 찾는다면 수 마일의 숲길이 있는 마운트 테이버, 파월 뷰트도 좋다. 언덕이 적은 곳을 원한다면 작은 공원을 권한다. 포장도로와 비포장도로가 모두 있다. 페른힐 파크, 피어 파크, 로렐허스트 파크는 내가 즐겨 찾는 곳이다. PRC 웹사이트는 포틀랜드, 주변 지역 러닝 경로 60여 개를 제공한다. 이것 역시 좋은 가이드가 될 것이다.[7]

로드, 트레일, 트랙 러닝은 각각 어떻게 준비해야 하나.

마라톤 훈련 방법은 자신의 달리기 기록과 목표에 따라 다르다. 목표가 마라톤을 완주하는 것이라면 도로와 트레일을 함께 훈련할 것을 추천한다. 많은 러너가 대회를 앞두고 12~16주간의 훈련 계획을 세운다. 하지만 오랜 기간을 두고 천천히 훈련량을 늘려야 한다. 매주 30~50킬로미터를 뛰다가 본격적인 훈련에 들어가면 주당 60~100킬로미터를 뛰는 식이다. 일주일에 한 번은 꼭 30킬로미터씩 달리는 롱런을 포함할 것을 권한다.

언덕을 달리면 근력과 지구력을 키울 수 있다. 고른 바닥을 달릴 때와는 다른 근육을 사용하기 때문에 부상 예방에 도움이 된다. 나는 훈련의 약 30퍼센트를 트레일에서 수행하며 부상을 줄이려고 노력한다. 속도를 향상하고자 한다면 1~2일의 속도 훈련을 추가하는 것이 좋다. 빠르게 뛰기와 천천히 뛰기를 반복하는 인터벌을 할 수 있지만, 달리기를 6~12개월 이상 꾸준히 할 때까지 이 훈련은 수행하지 않는 것이 좋다. 전 올림픽 육상 선수 겸 운동 생리학자 피트 핏진저Pete Pfitzinger가 쓴《기록 향상을 위한 마라톤 트레이닝》을 보면 훈련 계획 세우는 법을 익힐 수 있다. 오랜 기간 훈련을 해왔고 더 나은 퍼포먼스를 바란다면 코치를 찾는 것이 좋다.

어떤 계기로 DPT가 됐나.

운동은 늘 내 삶의 일부였다. 육상 선수 활동과 꾸준히 달린 것이 직업 선택에 영향을 끼쳤다. 나는 달리기 분야의 전문가가 되기 위해 노력해 왔다. 부상을 겪은 러너가 다시 건강하게 달릴 수 있도록 돕고 있다. 관련 전공을 이수하고 포틀랜드의 개인 병원에서 물리 치료사로 일하고 있다.

부상 예방을 위한 주요 방법은?

물리 치료사로 일하면서 가장 많이 만나는 환자는 달리기를 시작한 지 얼마 안 된 아마추어 러너다. 너무 빠져든 나머지, 무리해서 다친 경우다. 대체로 기량보다 너무 빨리, 너무 멀리, 너무 세게 달리는 것이 원인이다. 러닝 입문자는 달리기를 견딜 수 있는 몸을 만드는 것이 중요하다.

내가 주로 조언하는 것은 첫째 천천히 뛰기 시작하는 것, 둘째 러닝 페이스를 너무 신경 쓰지 않는 것, 셋째 일관되게 연습하는 것이다. 대화할 수 있는 완만한 속도로 달리면 부상 예방에 도움이 된다. 초보 러너를 포함한 모든 주자에 해당한다. 강도가 높은 운동이나 장거리 달리기를 한 후에는 휴식이 필수다. 쉼으로써 몸이 회복되고 고강도 운동의 효과가 몸에 축적된다. 영양과 수면도 회복의 중요한 부분이다.

꾸준히 달리는 동력이 궁금하다.

많은 러너가 혼자 뛰는 것을 즐긴다. 나는 어려서부터 항상 팀에 속해서 달렸다. 팀으로 달리면 목표 달성을 위해 각자의 역할을 다하고 밀어붙이도록 서로 돕는다. 달리기를 좋아하는 사람들과 함께 뛰는 것을 선호하는 이유다.

러닝은 확실히 마음을 진정시키는 데 효과가 있다. 다양한 영역의 생산성을 높이는 데 도움이 된다. 춥고 비가 와도, 달리고 나면 항상 기분이 좋아진다. 달리기는 특별한 장비와 비용을 들이지 않고도 건강을 유지하는 쉬운 방법이기도 하다.

레이스에 참가하면서 러닝 루틴을 유지하고 꾸준히 훈련한다. 좋은 성과를 내고 PB를 세우는 것도 좋지만, 중요한 건 일관성을 유지하고 달리기를 내 삶의 일부로 만드는 것이다. 물론 자전거, 수영, 등산, 스키 같은 활동으로도 동일한 효과를 얻을 수 있다. 나는 물리 치료사로서 모든 사람이 어떤 신체 활동이든 참여하는 것이 좋다고 생각한다. 가장 중요한 것은 그것이 재미있다는 것이다!

나는 달리기를 좋아한다. 그래서 할 수 있는 한 계속할 것이다. 모두가 자신이 좋아하는 활동을 찾을 수 있다. 달리기를 시작한다면 길게, 즐기면서 하길 바란다.

6 토마스 부쉬 ; 천년 고도 교토,
영감을 주는 달리기

독일 러너가 만든 교토 러닝 클럽

KRC(Kyoto Running Club·교토 러닝 클럽)대표 토마스 부쉬 Thomas Busch는 일본에 거주하는 독일인이다. 매주 로드, 트랙, 트레일을 달리는 아마추어 러너이자 코치다. 교토 소재 패션 업체 CEO, 로드 사이클리스트 등 다양한 활동을 겸하고 있다. 2015년 독일 뒤셀도르프에서 교토로 이주해 러닝 클럽을 만들고 운영하고 있다. 로컬 러너와 여행자가 주요 멤버다.

부쉬는 출장과 여행 중에도 쉬는 법이 없다. 유럽, 동북아, 동남아 등지를 다니면서도 늘 달렸다. 덕분에 각지 러닝 문화에 대한 이해가 높다. 부쉬는 비즈니스로 태국 방콕에 수년간 거주할 때도 현지인들과 발을 맞췄고 당시 미국 대륙 5030킬로미터를 뛰어서 횡단하는 프로젝트를 대표 후원하기도 했다. 러닝에 대한 부쉬의 열정은 엘리트 러너 못지않다. 하루도 거르지 않고 달린다. 다음은 그가 알려준 달리기 루틴이다.

- 월: 조깅 5~8킬로미터
- 화: 인터벌 12킬로미터
- 수: 조깅 12~16킬로미터
- 목: 조깅 12킬로미터
- 금: 템포런 12~16킬로미터

- 토: 조깅 8~10킬로미터
- 일: 롱런 21~32킬로미터

부쉬와 연이 닿은 것은 오리건을 다녀온 뒤였다. 교토로 향하던 날, 나는 당시 현지 러너들과 달린 기억을 살려 교토의 러닝 클럽을 검색해 KRC에 메일을 보냈다.

보내는 사람: Sean Shin
받는 사람: Kyoto Running Club
제목: 그룹런에 참가할 수 있을까요

안녕하세요.
서울에 사는 아마추어 러너 션(Sean)이라고 합니다. 블로그 보고 연락드립니다. 12월 14일부터 17일까지 교토에 머물 예정인데 그때 그룹런 일정이 있을까요? 있다면 참가하고 싶습니다. 감사합니다.

몇 시간 후 장문의 답장이 도착했다. 오사카에서 교토로 향하는 열차 안이었다. 부쉬는 KRC의 운영 방식과 세부 코스, 집결지로의 교통편까지 상세하게 안내했다. 메일의 행간에서 그의 달리기에 대한 열정과 배려가 고스란히 느껴졌다.

보내는 사람: Thomas Busch

받는 사람: Sean Shin

제목: Re: 그룹런에 참가할 수 있을까요

션, 연락 줘서 고맙습니다. 블로그는 2015년에 가족과 함께 교토로 이주했을 때 만든 것입니다. 러닝에 관심 있는 현지인과 외국인에게 시합 준비를 위한 러닝 클럽을 운영하기 시작했습니다. 러닝은 나루타키역에서 시작할 수 있습니다. 사가-아라시야마를 향해 다수의 유적지, 아라시야마 대나무숲, 다이카쿠지 사원, 가쓰라강변의 업힐 트레일 구간을 따라 15~22킬로미터를 달릴 수 있습니다. 러닝 페이스는 킬로미터당 5분에서 5분 15초로 예상하며, 오르막 구간에서는 5분 30초가 될 것입니다. 일정이 괜찮다면 알려 주시기 바랍니다. 구체적인 위치 정보를 알려 드리겠습니다. 정말 아름다운 장소 몇 곳이 있습니다. 스마트폰 또는 카메라를 챙겨 오세요. 감사합니다.

다음날 부쉬와 나는 1시간 30분가량을 달렸다. 귀국 후에도 우리는 서로 러닝 정보를 교환하며 연락을 이어 갔다. 기나긴 코로나19 팬데믹이 지나고 지인 러너들과 두 차례 더 만났으며 로드와 트레일을 각각 달렸다.

부쉬(가운데)와 아내와 막내딸 ⓒ부쉬

토마스 부쉬 인터뷰 ; "새벽 가모강 조깅, 비즈니스의 동력"

부쉬가 운영하는 패션 섬유 업체는 남성 정장을 전문으로 한다. 생산과 관리 등 사업 영역이 전 세계에 흩어져 있다 보니 교토 우지에 살면서도 해외 출장이 잦았다. 2022년 12월, 3년 만에 만난 부쉬는 장기간의 코로나로 사업에 큰 타격을 입었다고 말했다. 어려운 상황을 겪었지만 그는 꾸준한 달리기로 버틸 수 있었다. 매일 같은 시간에 교토 시가지, 가모강변을 뛰며 앞으로 나아가듯 비즈니스의 동력을 얻었다. 타국 생활, 멘털 관리, 모든 것이 달리기가 있었기에 가능했다.

이메일과 두어 차례 대면으로 그의 세계 각 도시 러닝

과 KRC 활동 이야기를 나눴다. 열 개 남짓한 질문에 무려 A4 31장 분량의 답변을 받았다. 러닝과 비즈니스에 대한 그의 완벽주의 기질을 재차 느낄 수 있었다.

교토 러닝 클럽은 어떻게 시작했나.

교토로 이주했을 당시 우리 가족은 교토의 북서쪽에 있는 가미가쓰라에 살았다. 가쓰라강을 따라 아라시야마의 고대 도시 지역과 트레일을 처음 달렸다. 아름다운 주변 환경이 인상 깊었다. 그 후 집 근처에 메인 트랙과 서브 트랙이 있다는 걸 알았다. 같이 달리고 싶었지만, 러닝 클럽을 운영하는 러너가 없었다. 친구를 사귀는 것 자체가 일본에서는 쉽지 않은 일이라는 것을 알게 됐다. 그래서 내가 직접 아마추어 러너, 취미 주자, 관광객을 위한 로드와 트랙 러닝 클럽을 만들었다.

KRC는 계속 훈련할 기회를 찾는 해외 방문객이나 지역 경주를 준비하는 러너들로부터 빠르게 관심을 끌었다. 나는 이 클럽에 대한 어떠한 상업적 이해관계가 없다. 그저 달리기를 사랑하는 러너를 돕고자 한다. 그게 러닝 클럽을 운영하는 이유다.

동틀 녘 교토 아라시야마 공원에서 본 가쓰라강 ⓒ부쉬

교토는 러너에게 어떤 도시인가.

교토는 일본의 옛 수도다. 위치와 지형이 독특하다. 일본의 본
섬 혼슈의 한가운데 계곡의 바닥에 자리 잡고 있다. 히가시야
마, 기타야마, 니시야마로 둘러싸여 있다. 다른 지역에 비해
지진 충격과 태풍으로부터는 상대적으로 안전하지만, 이런
지리적 특성 때문에 여름에 매우 덥고, 겨울에는 혹독하게 춥
다. 대도시와 시골의 생활상을 모두 갖고 있다.

교토에는 다른 도시와 마찬가지로 스포츠 공원, 학교에
트랙이 많다. 공공 스포츠 공원은 일반적으로 오전 7시부터

2022년 12월 교토 러닝 클럽 멤버들과 교토 트레일 약 13킬로미터 를 달렸다. ⓒ조슈아 레빈(Joshua Levine)

오후 9시까지 200엔의 저렴한 요금으로 사용할 수 있으며 라 커룸과 샤워 시설이 있다. 교토는 일본의 문화 중심지다. 시내 중심가에서 기요미즈데라, 니조성, 금각사 등 세계 문화유산 을 둘러보며 달릴 수 있다. 덥고 습한 여름엔 가모강 상류를 따라 달리며 물놀이로 더위를 식힐 수 있다. 관광객이 없는 시 간에 아라시야마 대나무숲을 조깅하며 영감을 얻는다. 교토 에서의 러닝은 여행 온 러너에게 최고의 경험이 될 것이다.

로드에서 트레일로 달리기를 확장할 수 있다는 점도 매 력이다. 오전 5~6시 사이 이른 시간에 달리며 이 도시가 문화 적으로 절정이던 고대에 얼마나 아름답고 고요했을지 짐작한다. 일본 어딜 가나 냉온 음료를 판매하는 자판기를 찾을 수 있다. 장거리를 달리다가 배가 고프면 과일, 주먹밥, 에너지젤 등으로 재충전할 수 있는 편의점을 쉽게 찾을 수 있다. 일본은 러너에게 천국과 같은 곳이다.

> 《The Way of the Runner》의 저자는 일본이 '지구상에서 가장 달리기에 집착하는 나라이자 독특한 러닝 문화의 본고장'이라고 말한다.

일본에서 달리기는 인기 스포츠다. 이곳에서 통상 달리기를 이야기하면 장거리 러닝을 의미한다. 트랙 5000미터, 1만 미터, 에키덴(Ekiden·역전 경주), 마라톤이 될 것이다.[8]

일본인은 달리기에 매우 경쟁적인 접근 방식을 가지고 있다. 달릴 때 직면하는 도전, 피로와의 싸움, 완주해 내고야 마는 러너의 모습은 그들의 정체성을 닮았다. 일본 러너들은 더 높은 목표를 위해 자신을 희생한다. 달리는 동안 더위, 추위, 비, 바람과도 싸운다. 경쟁자를 제치고 결승선을 통과하려면 이런 것들을 지배해야 한다. 그들의 훈련과 경쟁 방식은 일본인이 홍수에 대비하기 위해 해안선에 콘크리트 벽을 세우고 강의 경로를 바꾸는 등, 자연에 맞서는 것과 비슷하다. 일본인의 달리기를 이해하는 데 있어 핵심이 되는 내용이다.

일본 마라톤은 전통적으로 강하다. 비결이 있나.

근면, 인내, 집중하려는 훈련과 의지라고 생각한다. 아프리카 장거리 주자의 성공 비결과 같다. 유전적 측면과 높은 고도에서의 훈련 덕분이라는 분석도 있다. 내 생각에 비법은 애초에 존재하지 않는다. 규율과 시스템뿐만 아니라 항상 최선을 다하려는 강인한 의지가 필요하다.

케냐의 엘리우드 킵초게, 에티오피아의 하일레 게브르셀라시에와 케네니사 베켈레, 더 거슬러 올라가서 아베베 비킬라 같은 선수가 세계적인 엘리트 러너가 된 비결은 무엇일까. 케냐에서 활동하는 존경받는 이탈리아 코치인 레나토 카노바, 역시 케냐에 거주하는 아일랜드 사제 겸 교사 출신 콤 오코넬 코치가 한결같이 말하는 것이 있다. 달리기에 대한 순수한 노력, 성실한 훈련, 집중하려는 의지다.

언제부터 달렸나.

여섯 살 때부터 트랙 달리기, 높이뛰기, 멀리뛰기를 했다. 10~18세 때는 독일 에센의 크로스컨트리 챔피언십에서 우승했다. 20대 초반에는 10킬로미터 로드 러닝으로 종목을 바꿨다.

첫 마라톤을 뛴 것은 30세가 되기 직전이었다. 당시 나는 레이스 초반 너무 빨리 질주하는 실수를 저질렀고 32킬로미터 지점에서 레이스를 중도 포기할 수밖에 없었다. 좌절했다. 그때 나는 마음을 다스리고 다음을 기약할 만큼 충분히 성숙하지 않았다. 대회를 마치고 훈련을 이어 갔고 이듬해 2시간 42분 기록으로 레이스를 마쳤다.

<u>러닝을 위한 특별한 노력이 있나.</u>

러너로서 타고난 재능이 별로 없다. 역량을 기르기 위해 많은 시간을 투자한다. 나만의 규율을 지키고 부족함을 만회하려 한다. 나는 달릴 때 최선을 다한다. 트레이닝, 식단, 라이프스타일 모든 것을 러닝에 맞춘다. 컨디션, 날씨, 분위기 모든 게 하나가 되는 순간이 있다. 이럴 때의 달리기 목표에 모든 것을 건다. 나는 러닝이라는 스포츠와 그 경험 자체를 소중히 여긴다.

혼자 달리기를 좋아한다. 특히 즐기는 것은 동남아 지역에서의 장마철 달리기다. 매번 신비로운 경험을 가져다준다. 달릴 때 시계를 제외한 아무것도 챙기지 않는다. 음악도 듣지 않는다. 주로 이른 아침이나 늦은 밤에 달린다. 사람들과 현대 생활의 소음으로부터 자유로워지는 시간이다. 자연의 소리를 더 선명하게 들을 수 있고, 바람과 비, 빛과 어둠을 더 깊게 느낄 수 있다.

　달리기 시작해 10~15분이 되면 호흡과 케이던스(1분 동안 딛는 보폭의 수)가 안정된다. 어떤 날에는 나뭇잎 사이에 부는 바람, 지저귀는 새소리, 강물이 흐르는 소리, 몸과 바닥에 닿는 빗소리, 이 모든 것이 내게 진정한 휴식을 준다. 그 순간 오직 달리기와 나만 존재한다. 달릴 때 누구든 자신에게 집중할 수 있다. 우리 몸은 애초부터 러닝에 맞춰져 있다. 꾸준한 달리면 몸과 마음이 편해지는 이유다. 삶을 지탱하는 힘도 얻을 수 있다. 러닝을 통해 도전에 직면하고 극복하는 방법, 투쟁하는 방식, 자신이 성장하는 방법을 배운다. 이 경험은 라이프스타일과 직업 생활에도 적용된다.

　방콕에서도 오래 지냈다. 동남아에서의 러닝은 어땠나.

서른다섯 살이 되던 해, 사업상 이유로 태국 방콕으로 이주했다. 그곳에서 대규모 러닝 커뮤니티를 발견했다. 지역 커뮤니티에서 여러 러너를 사귀었다. 우리는 주로 오전 4시 30분 룸피니 공원에서 만나 2.5킬로미터 구간을 반복해 달렸다. 그곳에서 마라톤을 다시 시작했다. 이전처럼 기록에 집착하기보다 가족생활, 비즈니스, 기후 조건이 허용하는 범위에서 달렸다.

가족 여행을 갔을 때는 그 지역의 레이스에 참가하기도 했다. 거의 매달 태국 각지의 마라톤에 나갔다. 태국의 레이스는 통상 오전 4시에 시작되는데, 대회를 마치고 호텔로 돌아와 가족과 식사하곤 했다. 현지 대회장에서 만나는 러너 모두 애티튜드가 좋았다. 그들은 가족 중심적이었다. 아시아 고유의 문화가 러닝에 접목된 것으로 생각한다.

바뀐 환경에서 어려움은 없었나.

태국에서의 러닝은 내 몸을 더 이해하는 데 도움이 됐다. 2013년에는 방콕의 북동쪽 카오야이 국립공원에서 열린 100K 트레일 러닝 대회에 참가했다. 다음 해에도 같은 레이스를 달렸다. 전체 26위를 기록했다. 러너 3분의 1만이 완주했을 만큼 극도로 덥고 습한 잔인한 날씨였다. 그때 극심한 더위에 어떻게 경기를 펼칠 수 있는지 뿐만 아니라 탈수에 대처하는 법도 배웠다.

첫 마라톤에서 DNF를 한 경험이 자산이 됐다. 그 이후에도 여러 위기가 있었다. 포기하고 싶었지만 같은 일을 반복하지 않겠다는 다짐을 떠올렸다. 그리고 그렇게 했다. 나는 건강에 위협이 되지 않는 한 훈련이나 경주를 끝까지 하려 한다. 2006년부터 2015년까지 태국에 있는 동안 정신적으로 더 강

부쉬가 2015년 후원한 미국 횡단 프로젝트를 소개한 태국 방송의 캡처 화면. 태국에 사는 일본인 러너 K는 미국 서부 산타모니카에 서 동부 뉴욕까지 66번 국도를 달려 79일 만에 완주했다.

해졌다. 현지 러너들과 달리며 나는 더 겸손하고 더 유능한 주 자가 됐다고 생각한다.

상하이, 베이징, 도쿄, 교토, 싱가포르 등 여러 아시아 지역을 여행하면서 마라톤에 참가했다. 아마추어 달리기 대 회의 인기가 많아질 때였다. 분위기는 서구의 상업화된 경주 보다 더 순수했다. '지붕을 뚫을 듯'한 대회장의 열기를 느꼈 다. 관중 모두가 주자와 하나가 돼 응원했다. 당시 기억이 나 의 마음과 영혼을 지금까지 '먹여 살리고' 있다.

달리기를 위해 식습관까지 바꿨다. 어떤 효과가 있었나.

달리기와 채식은 민감한 주제이며 여러 견해가 있다. 콜라와 프렌치프라이도 채식이라고 할 수 있지만, 채식주의 식단은 가공식품, 설탕, 동물성 식품이 없거나 적은 것을 의미한다. 2010~2013년 동안 과일만 먹는 프루테리언 채식을 하면서 생리적, 심리적 건강이 전반적으로 개선됐다. 적은 노력으로 상당한 양의 체지방을 줄였다. 음식을 소화하는 데 적은 에너지를 사용해, 경험하지 못한 에너지 수준에 도달했다. 스트레스가 심한 운동 후에도 더 쉽게 회복하는 것을 느꼈다.

식단을 바꾸고 지방, 소금, 초가공식품의 일일 칼로리 섭취량을 한 자릿수 비율로 줄이면서, 체중 감소, 기량 향상을 경험했다. 식단을 관찰하고 가능한 한 날씬해지도록 노력하는 것이 좋다. 무게가 적을수록 달리기가 골격, 관절 및 인대에 미치는 영향이 줄어든다. 지방과 염분 섭취를 최소한으로 한다. 열량 대부분은 탄수화물과 단백질에서 얻어야 한다.

생활의 거의 모든 부분을 러닝에 맞춘다. 운동 이상으로 여기는 것 같다.

러닝은 멘털 스포츠다. 복싱, 보디빌딩, 등산, 춤, 수영, 자전거 타기 등 많은 종목이 그렇다. 러너라면 어떤 유형의 주자가 되고 싶은지 스스로 물어봐야 한다. 중요한 포인트다. 정해진 식단, 시간, 거리의 목표를 달성하기 위한 계획을 세워야 한다. 목표는 현실적이어야 하고, 자신의 능력과 일치해야 한다. 그렇지 않으면 좌절로 이어진다.

엘리우드 킵초게는 옥스퍼드대학교 강연에서 "인생에서 훈련된 자만이 자유롭다"고 말했다. 기분과 열정의 노예가 되지 말아야 한다. 단순하고 정직한 삶이 필요하다. 원하는 것에 대한 명확한 아이디어가 필요하다. 그런 다음 구체적인 계획을 세우고 성실하게 실행해야 한다. 다른 방법도, 지름길도 없다.

스마트워치, 스마트폰에서 벗어나 스스로 러닝을 모니터하고 추적하는 것이 좋다. 몸에 귀를 기울이고 이해하라. 과도한 장비는 방해 요소일 뿐이다. 그 경험이 얼마나 만족스러운지 놀라게 될 것이다.

아마추어 러너로서는 과한 것 아닌가. 그렇게까지 하는 이유가 궁금하다.

철학적 측면으로 접근해 보겠다. 알베르 카뮈의 에세이《시지프 신화》에서 시지프는 출생, 투쟁, 죽음으로 정의되는 삶의 부조리를 겪는다. 바위를 산 위로 밀어 올리는 운명에 처해 있다. 바위가 정상에 도달하면 떨어지고 다시 굴려야 한다. 누구나 이런 삶을 산다. 달리기는 삶의 부조리를 이겨낼 수 있도록 한다. 나는 살아오면서 생활과 업무의 실패를 여러 번 겪었다. 그때마다 할 수 있는 한 최선을 다해 달렸다. 러닝이 준 안도감과 교훈은 내가 살아가는 동력이다.

경쟁력 있는 주자가 되고 싶다면 필요한 규율을 받아들여야 한다. 훈련 그룹에 가입하고, 당신보다 더 나은 러닝 파트너를 찾고, 다양한 코스를 달릴 것을 권한다. 식이요법과 휴식도 중요하다. 나의 경우, 훈련의 약 80퍼센트는 편안함을 느끼는 속도로 한다. 달리며 말할 수 있는 정도를 의미한다. 심박수 기준으로 최대 약 120~130BPM을 의미한다. 나머지 20퍼센트는 계획된 대회 페이스보다 약간 빠른 속도로 수행한다. 주당 1회 이상 근력 운동을 한다.

라이자 하워드 ;
샌안토니오 '울트라 맘'

육아, 울트라 마라톤, 코칭을 동시에

울트라 러닝은 마라톤보다 긴 달리기 경주로, 통상 50킬로미터부터 320킬로미터 이상까지 다양하다. 미국 엘리트 울트라 러너 라이자 하워드Liza Howard는 '울트라 맘Ultra Mom'으로 불린다. 그가 트레일 러닝 레이스에 처음 출전한 것은 2008년, 출산한 지 반년이 조금 지났을 때였다. 이듬해인 2009년에는 100마일 경주에서 우승했다. 두 아이의 엄마인 그는 어느덧 50대다. 그러나 여전히 기록 경신을 위해 꾸준히 달린다.

하워드는 다양한 활동을 병행한다. 응급 처치 강사, 러닝 코치이기도 하다. 울트라 마라톤 챔피언, 간호학 학사, 교육학 석사, 미국육상경기연맹 인증 코치 등 다채로운 경력을 바탕으로 현역 엘리트 러너 겸 지역 러닝 커뮤니티의 멘토로 왕성하게 활동하고 있다. 하워드는 참전 용사 러닝 커뮤니티도 이끈다. 군인 집안 출신으로 그의 할아버지, 아버지, 삼촌, 이모, 사촌, 매부가 군에서 복무했다. 하워드는 참전 용사와 그 가족을 트레일 러닝 커뮤니티에 연결하고 트레일에서의 기쁨을 공유한다. 이것은 그가 재향 군인의 봉사와 가족의 희생에 감사를 표하고 자신의 정체성을 잊지 않는 방법이다. 그의 울트라 마라톤 기록들은 육아와 코칭, 멘토링을 함께 하며 세웠다는 점에서 더욱 놀랍다.

ⓒ하워드

- 2009년 캑터스 로즈 100마일 우승

- 2010년, 2011년 로키 라쿤 100마일 2회 우승

- 2010년, 2011년 뉴에세스 50마일 2회 우승

- 2010년, 2015년 리드빌 트레일 100마일 2회 우승

- 2011년 반데라 100킬로미터 우승

- 2011년 자벨리나 준드레드 100마일 우승

- 2014년 엄스테드 100마일 우승

- 2017년 터시 마운틴백 50마일 우승

- 2018년 매드 시티 100킬로미터 우승

- 2021년 키스 100마일 우승

하워드를 알게 된 계기는 그의 경이로운 레이스 커리어와 그가 러닝 전문 매체에 기고한 시리즈 '나이든 러너들Age-Old Runners'이었다. 그는 중·노년 러너들과의 인터뷰를 통해 나이가 들어도 꾸준히 달리는 비결, 노화와 러닝의 상관관계, 신체 변화, 그리고 시니어 러너들의 잠재력을 소개했다. 71세(2020년 기준) 러너 로이 피룽Roy Pirrung은 인터뷰에서 흔히들 생각하는 나이듦과 달리기의 '낯선 동행'에 대해 이렇게 말했다.

"늙는 것은 태도다. 나는 늙었다고 느끼지 않는다." 그는 70세에 100마일 레이스를 완주했다.

라이자 하워드 인터뷰 ; "달리기는 선물, 일상에 질서 가져다줘"

하워드의 달리기는 그를 닮았다. 어머니처럼 헌신적이고, 멘토처럼 친근하면서 군인처럼 엄격하고, 교사처럼 체계적이다. 그가 몸소 보여 주는 꾸준하고 자유롭고 치열한 달리기는 그와 순위를 다투는 엘리트 러너뿐만 아니라 아마추어 러너, 러닝 맘, 러닝 커뮤니티 일원에게 귀감이 된다. '왜 달리는가'라는 질문이 무색할 만큼 그는 '달리기를 말할 때 하고 싶은' 스토리를 두루 보여 준다.

어떤 활동을 하고 있나.

울트라 러너 겸 코치로 활동하고 있다. 울트라 러닝 코칭 단체에서 러너들을 지도한다. 국립아웃도어리더십스쿨NOLS에서 응급 의료 클래스도 진행한다. 참전 용사와 그 가족들을 위한 비영리단체 밴드오브러너스에서 트레일 러닝 커뮤니티를 이끌고 있다.

울트라 러너가 된 계기가 궁금하다.

알래스카의 NOLS에서 강사로 활동할 때 울트라 러닝을 시작했다. 나는 러너 그룹을 사랑했고 무엇을 하든 그들과 함께면 행복했다. 시작한 지 한 달이 됐을 때, 한 동료가 그랜드 캐니언을 달릴 것을 제안했다. 그것은 그랜드 캐니언 림투림투림 Rim-to-Rim-to-Rim, 줄여서 R2R2R으로 불린다. 남쪽 림(Rim·가장자리)에서 출발해 북쪽 림을 찍고 돌아오는 약 77킬로미터의 코스다. 반대 방향으로 달리는 것도 가능하다.

그곳에서의 트레일 러닝은 훌륭한 경험이었다. 다음 해에 우리는 50마일 경주에 등록했다. 첫 트레일 러닝 레이스에서 기대보다 좋은 성적을 거뒀다. 그 후 샌안토니오의 트레일 러닝 선수들과 어울렸다. 그들의 높은 기량은 내게 자극이 됐다. 그들이 참가하는 모든 경기에 등록했다. 이듬해에는 100마일 울트라 마라톤을 완주했다. 그때 내가 오래달리기에 재능이 있다는 것을 알게 됐다.

입문 1년여 만에 챔피언이 됐다.

당시 육아와 울트라 러닝을 병행하며 콜로라도의 로키산맥을 달리는 리드빌 트레일 100마일에서, 텍사스 헌츠빌의 로키라쿤 100마일에서 각각 두 차례 우승했다. 애리조나 파운턴 힐스 일대의 자벨리나 준드레드 100마일, 플로리드 키웨스트에서의 키스 100마일 등에서도 1위를 차지했다. 지구상에서 가장 혹독한 울트라 마라톤으로 소문난 사하라사막 250킬로미터를 횡단하는 마라톤 데스 사블스에도 참가했다.

특별히 기억에 남는 레이스가 있나.

울트라 러너로 활동하며 여러 실수를 했고 그 경험 덕분에 성장했다. 당장 떠오르는 경주는 캘리포니아 데스밸리를 달린 배드워터 135마일(약 217킬로미터)이다. 7월 혹서기에 데스밸리 사막을 가로지른다. 3~5킬로미터마다 서포터즈가 밴을 타고 이동하며 주자들에게 식수와 얼음을 제공한다. 당시 더위

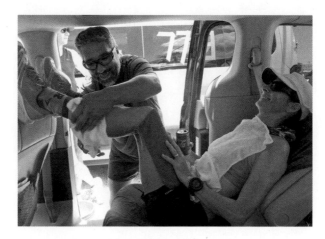

2021 키스 100마일 ⓒ리사 크랜츠, 하워드

탓에 물을 너무 많이 마셨고 경주가 60여 킬로미터가 남았을 때 극심한 고통을 겪었다. 결국 레이스 도중 밴에 드러누웠다. 고맙게도 서포터즈가 극진히 간호해 준 덕에 다시 레이스를 이어 갈 수 있었다. 배드워터의 서포터즈는 러닝 커뮤니티의 강한 유대감을 몸소 보여 줬다는 점에서 특별했다.

<u>달리기가 육아와 일에 영향을 주나.</u>

울트라 러닝은 멋진 선물이었다. 당시 육아와 주부 생활로 정신없는 일상을 보내는 내게 더없이 좋은 기분을 선사했다. 달

리면 우울감이 줄어들고 기분이 좋아진다. 꾸준히 뛰는 이유 중 하나다. 러닝을 하면서 더 나은 아내이자 엄마가 됐다고 생각한다. 또 달리기는 생각을 명확하게 해준다, 나는 달리기가 일상에 가져다주는 질서와 일상을 소중히 여긴다. 그것을 사랑한다.

그 많은 걸 어떻게 다 소화하나.

육아와 훈련, 경주를 함께할 수 있는 것은 무엇을 기꺼이 포기할 것인지 알 수 있기 때문이다. 주어진 역할을 골고루 잘하는 것은 누구에게나 어렵다. 불가능에 가깝다. 나도 마찬가지다. 그렇긴 하지만, '놓아 주는 법'을 배우는 것이 도움이 된다.

러너에게 샌안토니오는 어떤 곳인가.

샌안토니오 근교의 텍사스 힐 컨트리에 살고 있다. 힐 컨트리는 험준하고 바위가 많은 트레일로 유명하다. 샌안토니오는 대도시이면서도 수 마일의 좋은 트레일을 갖추고 있다. 산은 거의 없지만, 지형이 다양해서 여러 실력 있는 러너들이 나오는 곳이다. 샌안토니오의 트레일 러닝 커뮤니티는 모두에게 열려 있다. 이곳의 트레일 러닝은 약 15년 전부터 활발하게 시작됐다. 지역 커뮤니티 기반을 만든 러너들이 여전히 왕성하게 활동하고 있다. 그들은 느긋하고, 친절하고, 성실하다.

> 아이런파iRunFar라는 사이트에 'Age-Old Runners' 시리즈를 연재하고 있다. 시니어 러너에게 관심을 갖게 된 계기가 있나.

지극히 개인적인 이유로 시작했다. 나는 나이를 먹고 있고, 여전히 잘 달리고 있는 다른 나이든 주자들이 궁금했다. 어떻게 달리는지, 무엇을 하는지 알고 싶었다. 솔직히 '마법의 비법'을 찾고 싶었다.

> 인터뷰를 연재하며 알게 된 것은 무엇인가.

꾸준히 좋은 퍼포먼스를 내는 데 마법의 비법 같은 것은 없었다. 다만 모든 시니어 러너가 일관성 있게 꼽은 최우선 항목이 있었다. 부상을 입지 않는 것이다. 회복도 중요하다. 러닝 커뮤니티 활동은 그들이 꾸준히 달리는 주요 이유였다. 러닝 클럽에서 함께 달리는 것이 좋아서 러닝을 이어 간다는 러너가 다수였다. 너무 엄격한 컷오프는 많은 러너가 꾸준히 달리는데 방해가 된다는 것도 깨달았다.

2022 배드워터 135 ⓒ하워드

끊임없이 도전하는 이유가 궁금하다.

나이가 든 내 몸이 무엇을 할 수 있는지 보고 싶다. 달리기를
통해서 말이다. 2년간 열심히 훈련하고 경주할 계획이다. 100
마일 레이스에서 새로운 PB를 달성하는 것도 목표로 하고 있
다. 2024년 7월 열리는 배드워터 135에 다시 참가할 것이다.
미국 24시간 국가대표팀US National 24 Hour Running Team의 자격을
다시 얻는 것도 도전할 생각이다.

<u>러닝 맘들에게 조언을 하자면.</u>

내가 자주 외는 주문이 있다. "어려운 일은 어렵다." 힘든 일을 해내고, 성공을 위해서는 많은 준비가 필요하다. 충분히 자고, 달릴 때 힘이 되는 음식을 먹고, 함께 달리는 그룹을 만들고, 러닝 시간을 기록하길 권한다.

마리 레오테 ;
달려서 세계 일주

2년 6개월간 4대륙을 달린 여성 러너

지구 한 바퀴를, 그것도 달려서 도는 게 가능할까. 역사적으로는 노르웨이인 선원이자 장거리 러너 멘슨 에른스트Mensen Ernst가 1832년 프랑스 파리에서 러시아 모스크바까지 2575킬로미터를 14일 만에 주파한 기록이 남아 있다. GPS 등 어떠한 장비도 없던 시절, 오로지 달려서 몇 개국을 지난 것은 분명 의미가 있다. 약 200년이 지나 아무리 기술이 발전했다고 해도 수년간 뛰어서 수만 킬로미터를 횡단하는 것은 무모해 보인다.[9]

세계 일주 달리기를 비준하는 세계러너협회WRA는 이른바 '월드런'의 기준 몇 가지를 두고 있다. 연속된 방향으로 최소 2만 6232킬로미터를 달려야 하고, 최소 네 개 대륙을 횡단해야 하며, 시작과 종료가 같은 장소여야 한다. 단, 한 대륙의 가장자리에서 출발해 다른 대륙의 가장자리에서 끝나는 경우도 공식 인정된다. 가령 포르투갈의 대서양 연안에서 시작해 아르헨티나의 남대서양 연안에서 마칠 수 있다.

2021년 8월 아웃도어 전문 팟캐스트 채널 'Always Another Adventure'에는 세계 일주 중인 여성 러너 게스트가 나왔다. 프랑스 국적의 40대 중반 마리 레오테Marie Leautey였다. 그의 애칭은 루티Lootie다. 그의 인터뷰가 소개된 것은 포르투갈 리스본에서 튀르키예 이스탄불로 이어진 횡단을 마치고

두 번째 대륙인 미국 시애틀에 막 도착했을 때였다. 35분간의 팟캐스트 방송 내내 그는 활기가 넘쳤는데, 지난 약 일 년 반 동안 거의 매일 마라톤 거리를 달렸다는 게 믿기 어려울 정도였다. 루티는 2022년 9월 뉴질랜드 오클랜드를 마지막으로 월드런을 완주했다. 코로나19로 인한 국경 봉쇄로 네 달간 일주를 멈출 수밖에 없었지만, 그는 포기하지 않았다. 다음은 루티의 세계 일주가 남긴 기록이다.

- 총 거리: 2만 8249킬로미터
- 일 평균 러닝 거리: 40.5킬로미터
- 총 기간: 825일(697일 러닝, 128일 휴식, 코로나로 인해 중단된 176일은 소요 기간에 미포함)
- 세계 일곱 번째 월드런 완주
- 사용한 신발 개수: 16켤레
- 세계 기록: 최단 기간 월드런에 성공한 여성

그는 글로벌 노마드 생활을 하면서 월드런을 구상했다고 말한다. 해외 각국에 거주한 경험이 세계 일주 달리기의 아이디어가 됐다. 루티는 학업으로 1998년 프랑스를 떠난 이래 줄곧 스코틀랜드, 잉글랜드, 스위스, 그리스, 싱가포르 등지에서 일하고 거주해 왔다. 이 때문에 무려 4개 국어를 구사한다.

ⓒ레오테

그랬던 그는 오로지 월드런을 위해 직장을 그만두고, '풀타임 러너'가 됐다.

마리 레오테 인터뷰 ; "러너는 메신저다"

월드 러너 루티에게 인터뷰를 요청했다. 모험담을 직접 듣고 싶기도 했지만, 무엇보다 멀쩡한 직장에 사표를 내고 전업 러너가 된 배경이 궁금했다. 가늠조차 안 되는 롱런을 계획하고 실행한다는 것, 무수히 많았을 변수를 극복하고 결국 2만 8200여 킬로미터를 달려 완주에 성공한다는 것, 그리고 이 모든 것을 가능하게 한 동력이 알고 싶었다. 루티의 2년 6개월 여정의 모든 기록이 담긴 월드런 스케줄을 보며 그의 꼼꼼한 기질을 엿볼 수 있었다. 시작지, 도착지, 달린 거리, 누적 고도, 코멘트 등이 일 단위로 적혀 있었다.

단지 원 없이 뛰고 싶어서, 일에 지쳐서, 체력 단련을 위해 지구 한 바퀴를 뛰는 사람은 어디에도 없을 것이다. 어떠한 영리적 목적 없이 온전히 달리기에 집중하는 그에게 '왜'를 물었다. 몇 가지 키워드가 있었다. 모험, 여성, 메신저.

월드런을 하게 된 동기는 무엇인가.

마흔 살이 됐을 때였다. 성인이 되고 지난 20년간 해온 것과는 다른 노마드 생활을 이어 가고 싶었다. 그것이 가능할지, 이전 사례가 있는지 몰랐다. 방법을 구상하다가 우연한 계기로 월드런을 알게 됐다. 완주한 인원이 전 세계 여섯 명에 불과했다. 남성 다섯 명, 여성 한 명이었다. 전 세계를 가로질러 다양한 문화와 국가, 사람을 만나는 게 유일무이한 경험이 되리라 생각했다. 실제 그 경험들은 내게 큰 영향을 끼치고 있다.

풀코스 거리를 2년 넘게 매일 뛰었다.

2019년 12월 유럽에서 출발해 북미, 남미를 거쳐 호주까지,

서에서 동으로 네 개 대륙을 가로지르는 전 세계 달리기를 시작했다. 세계러너협회의 월드런 규정을 준수했다. 일주일 중 6일, 하루 평균 40.5킬로미터를 달렸다. 총 거리는 2만 8249킬로미터다. 완주하는 데 2년 6개월이 걸렸다. 나는 달리기로 세계 일주에 성공한 일곱 번째 러너이자 두 번째 여성이 됐다. 세계 일주를 가장 빠르게 완주한 여성이라는 세계 기록을 세웠다.

준비는 어떻게 했나.

아이디어를 떠올린 순간부터 실행하기까지 꼬박 2년이 걸렸다. 신체, 물류, 재정이라는 세 가지 기준을 세우고 준비했다. 일단 매일 저녁 퇴근길을 러닝 코스로 삼았다. 당시 직장과 집이 20킬로미터 떨어져 있었기 때문에 아주 좋은 데일리 훈련이었다. 평일뿐만 아니라 주말, 휴가에도 월드런 준비에 전념했다. 5일간 마라톤 5회, 8일간 마라톤 8회 같은 자체 트레이닝을 수행하며 나의 월드런 컨디션을 테스트했다. 물품 운반역시 어떠한 도움 없이 자급자족했기 때문에 체력적으로 완벽한 준비가 필요했다. 캠핑 장비, 음식, 물 등을 담은 유모차를 밀면서 달렸다.

물류에 있어서는 단계별로 전체 경로를 계획했다. 기본

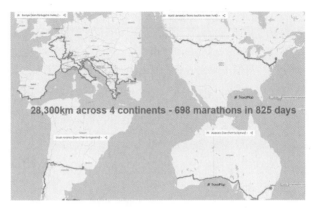

레오테의 월드런 경로 ⓒ레오테

적으로 구글 지도와 엑셀 파일을 사용해 가능한 한 많은 정보를 기록했다. 경로 유형, 고도, 킬로미터 수, 숙박 장소, 소모품 구입 위치 등이다. 2년을 준비한 후 계획한 것의 100퍼센트를 갖췄다. 세계 곳곳의 세부 경로와 물자 보급 장소 등 정보를 숙지했다.

이 정도 장거리 러닝이라면 재정도 매우 중요한 요소다. 자금이 충분히 마련됐을 때 시작하고 싶었다. 돈 때문에 포기하는 상황은 겪고 싶지 않았기 때문이다. 저축으로 모든 경비를 자체 마련했다.

이전 세계 일주 러너들과는 어떤 점이 다른가.

달려서 세계 일주에 성공한 사람은 전 세계에 일곱 명이 전부다. 이유는 각자 달랐다. 예스퍼 올센Jesper Olsen은 월드런의 선구자다. 그는 중간 휴식 기간 없이 완주한 최초의 인물이다. 그는 월드런의 길을 열었고 일부 경로에서 공동 주자와 동행했다. 나는 그가 호기심과 개척 정신으로 비범한 무언가를 성취했다고 생각한다.

로지 스웨일 포프Rosie Swale Pope은 두 번째 월드런 완주자이자 첫 번째 여성이다. 포프는 모험과 스포츠의 삶을 살아왔다. 그녀가 세계 일주를 시작한 때는 남편을 암으로 막 잃었을 시기였다. 그녀는 남편의 죽음을 애도하고, 암 검진에 대한 인식을 높이기 위해 달렸다.

세르주 지라드Serge Girard는 월드런의 규정된 규율이 제정되기 전에 이미 여러 대륙을 달렸다. 그의 여러 차례로 나눠 세계 일주를 진행했다. 지라드는 평생 믿을 수 없을 정도의 먼 거리를 달렸다. 그는 상당한 예산을 가지고 있었고 마사지, 음식 준비, 도로 정찰 및 도로 지원을 담당하는 팀을 꾸려 동반했다.

나의 월드런은 100퍼센트 자급자족 방식이었다. 나의 주요 목표는 독특한 방식으로 세상을 보고 경험하는 것이었다. 매일 새로운 목적지에 도달할 때마다 나는 그 자체로 '보상'받았다.

거기에 특별한 의미가 더해진 달리기였다.

내가 월드런을 한 이유 중 하나가 WFWI(Women for Women International)의 활동을 알리는 것이었다. WFWI는 전쟁에서 살아남은 여성을 돕는 NGO로, 지역 사회를 재건하는 것을 돕고, 필수품 등을 제공하는 데 주도적인 역할을 한다. 나는 어려움에 부닥친 여성들의 현실에 대한 대중의 인식을 높이는 것을 도왔다. 동시에 그 지역의 여성들이 이루고자 하는 것에 장벽이 없음을 강조했다. WFWI에 킬로미터당 기부금 1달러를 모을 것을 약속했다. 달리는 내내 이것에 집중했다.

왜 여성을 위해 달리나.

나는 1980년대에 자랐다. 당시의 스포츠 영웅, 모험가, 탐험가 중에는 여성 인물이 적었다. 이는 우리 세대의 소녀들에게 대단한 업적은 '여성과는 거리가 멀다'인식을 심었다. F1처럼 여성의 진입이 제한적인 스포츠 종목이 있다. 테니스, 수영 등 일부 영역에서는 변화가 일어나고 있지만, 여전히 많은

2021년 7월 미국 워싱턴주 스포캔(Spokane)에서 ⓒ레오테

종목이 남성의 전유물로 여겨진다. 바뀌는 속도가 너무 더디
다. 나는 월드런 과정에서의 인내와 성과를 여성들에게 바치
고자 했다.

여성은 남성보다 흔히 덜 강하고 덜 빠르다고 여겨진
다. 물론 육체적으로 근육량과 호르몬이 다르다. 다만 이런 차
이는 엘리트 러너에만 적용된다고 생각한다. 아마추어 러너
와 일반인에게 성별의 차이는 크지 않다. 누가 됐든 스포츠에
참여하는 이유는 건강하고 활동적인 방식으로 살아 있음을
느끼고 기쁨을 누리기 위함이다. 달리면 우리를 기분 좋게 만
드는 엔도르핀이 분비된다. 이것은 과학이며 약물보다 낫고

누구나 할 수 있다. 그러니 지금 당장 시작하길!

고수한 러닝 스타일이 있나.

숨을 과하게 쉬지 않으려고 노력한다. 말할 수 있는 속도를 유지하는 것이다. 속도는 전혀 중요하지 않았다. 중요한 것은 지속하는 것이었다. 검증의 목적으로 GPS 장치를 착용했지만, GPS 데이터로 페이스나 속도를 확인하진 않았다. 편안함이 가장 중요했다. 월드런을 하기 전에 편안한 러닝을 위해 미드풋과 포어풋 착지를 익혔다. 기존 나의 주법은 리어풋 착지였으나, 장기간 지속하면 부상 우려가 있었다. 시간이 지나면서 충격을 최소화하는, 매우 낮은 보폭을 연습했다.

누적 피로가 상당했을 것 같다. 초장거리를 달리는 노하우가 있나.

월드런을 준비하면서 나의 생체 시스템을 이해하고 효율성을 극대화하기 위해 노력했다. 포어풋 방식으로 앞발로 착지하면 발에 있는 26개의 뼈와 100개의 근육이 착지 충격을 흡수하면서 안정화되고 추진력을 얻을 수 있다. 다만 밑창이 두꺼운 신발은 초장거리 달리기에 오히려 좋지 않다는 것을 알게 됐다. 실수였다. 또한 매일 마라톤 거리를 뛸 수 있는 최적의 페이스를 찾았다. 킬로미터당 6분 38초 또는 시간당 9.1킬로미터다. 위험 영역으로 나 자신을 밀어붙이지 않았던 게 주효했다.

신발은 몇 켤레를 신었나.

열여섯 켤레의 신발로 2만 8200여 킬로미터를 달렸다. 한 러닝화로 평균 1765킬로미터를 달렸는데, 그중 일곱 켤레는 2500킬로미터 이상을 신었다. 더 이상 신을 수 없는 지경이 됐을 때 새것을 장만했다. 가능한 한 밑창이 얇은 신발을 찾았다.

식사, 영양 보충은 어떻게 했나.

배고프지 않고 몸에 무리가 가지 않는 한, 잘하고 있다고 생각했다. 먹는 것에 크게 신경 쓰지 않았다. 여정을 시작하기 한 시간 전에 일어나서 아침을 든든히 먹었다. 일단 달리기를 시작하면 아무것도 먹지 않았다. 러닝 후반부 쉬는 시간에 가끔 탄산음료를 마셨다. 계획한 거리를 마치고 나면 점심을 든든하게 먹었다. 맥주는 그날의 러닝이 끝날 때마다 마셨다. 저녁

2022년 8월 말 호주 시드니. 다음날 뉴질랜드 오클랜드에서 2년 6개월간의 여정을 성공적으로 마무리했다. 그는 월드런 스토리를 담은 책《Le Monde Sous Mes Pieds》(직역: 내 발 아래 세상)을 2023년 9월 출간했다. ⓒ레오테

은 보통 가볍게 해결했다. 대륙별로 식습관이 다양했다. 구할 수 있는 음식이 무엇인가에 따라 바뀌었다. 식단의 차이가 달리기나 회복에 어떤 영향도 주지 않는다는 것을 알게 됐다.

지루하지는 않았나.

전혀 그렇지 않았다. 장거리를 반복적으로 달릴 때 마음속에서 많은 일이 일어난다. 어떤 날은 몸의 소리를 듣는 데만 집중하고, 모든 것이 정상적으로 작동하고 있는지 발끝에서 머

리까지 천천히 스캔할 수도 있다. 경치를 구경하고, 새, 나무 등 보는 모든 것에서 영감을 얻기도 한다. 지루할 틈이 없었다.

전업 러너가 되기 전엔 무엇을 했나.

기업의 최고 재무 책임자CFO로 일했다. 나는 재무학 석사와 법학 석사 학위를 취득했다. 이후 재무 관리자, 회계 감사자, 재무 이사로 경력을 쌓았다. 달리기는 스물여섯 살에 본격적으로 시작했다. 나 자신을 즐기고, 내가 사는 곳을 새로이 발견하고, 더 많은 세상을 보는 방법이었다. 일하는 동료들과 팀워크를 위해 로드 레이스, 철인 3종 경기에 참여하는 것을 즐겼다.

온전히 러닝에 집중하는 생활은 어땠나.

달리기는 삶을 윤택하고 풍요롭게 한다. 자부심을 유지하고, 자신감을 얻는 데 도움을 주기도 한다. 월드런을 통해 세상을 구석구석 볼 수 있었다. 출장 때 세상을 보던 관점과는 전혀 달랐다. 세상을 보고, 독특한 경험을 얻는 게 내가 달리는 가장 큰 이유다. 나는 나 스스로를 세계, 문화, 사람을 연결하는 메신저라고 생각한다.

달리면서 어떤 사람들을 만났나.

세계 각지의 사람들을 만나는 게 여행의 목적 중 하나였다. 매일 일찍, 때로는 일출 전에 달리기 시작해 점심시간 이전에 마쳤다. 낮잠을 자고, 회복하고, 걸어 다니며 사람들을 만나기 위해 충분한 시간을 가졌다. 물론 달리면서도 여러 사람을 만났다. 인스타그램과 페이스북 등 소셜 미디어에 올린 콘텐츠를 보고서 연결된 사람들도 많았다.

다양한 환경, 직업, 스토리를 가진 사람들을 만났다. 세계 일주를 하고 있다는 말은 그들 안의 '보편적인 무언가'를 건드렸다. 그건 바로 '꿈'이었다. 이야기를 접한 사람들은 누구나 자신의 꿈과 포부를 들려줬다. 놀라웠다. 많은 이들이 새로운 경험, 지식에 대한 탐구, 연결을 희망했다. 지난 2년 6개월간 어느 대륙, 어느 지역을 가든 보편적인 감정을 느꼈다. 특별한 경험이었다.

월드런 이후의 계획이 궁금하다.

나의 모험이 나와 세상과의 관계를 어떻게 변화시켰는지에 대해 이야기하고 책을 쓰는 데 몇 달을 보냈다. 스포츠계 콘퍼런스의 기조연설자로도 활동하고 있다. 여전히 세계 곳곳에 경험하고 싶은 것이 많다. 또 여성 권리 향상을 위한 활동에 집중하고, 의미 있는 NGO에 참여하고 싶다. 항상 달리고 스포츠에 참여할 것이다. 일련의 활동이 더 나은 세상을 위한 씨앗이 될 것이라 믿는다.

에필로그   왜 달리는가

나는 늘 혼자 달렸다. 원하는 때에 원하는 만큼 뛰는 실용성이 내 기질과 맞았다. 규칙적인 편은 아니라 일찍 눈을 뜨면 일출 전 집을 나섰고, 석양을 보러 언덕을 오르기도 했다. 마라톤 전 준비 기간을 빼곤 킬로미터당 5분 30초~6분 페이스의 조깅을 즐겼다. 친구, 직장 동료와 한강변을 달리고 대회에 나갔으나 그것도 가끔이었다.

혼자 달리는 것은 언제 어디서나 가능하다. 수년 전 겨울, 여행차 방문한 밀라노의 도심은 뛰기에 좋은 곳은 아니었다. 바닥엔 온통 자갈이 깔려 있고, 두오모를 중심으로 뻗은 방사형 거리에는 트램 라인과 차도가 어지러이 섞여 있었다. 번드러운 돌멩이와 철길에 미끄러지기에 십상이었다. 당시에도 여느 때처럼 도착 다음 날 아침 일찍 숙소를 나왔다.

15분이 지나자 거대한 회백색 건축물이 보였다. 밀라노 두오모였다. 동이 트기 전 내 등의 열기가 식을 때까지 드높은 첨탑을 올려다봤다. 600여 년이 걸려 완성한 3000여 개 조각을 독차지한 느낌이었다. 밀라노에 머무는 동안 두오모를 볼 기회는 더 있었지만, 그날 아침의 독대와는 비교되지 않았다. 여전히 출장과 여행을 갈 때면 러닝화를 챙긴다.

사회적 거리 두기가 해제되고 아내와 러닝 클럽 PRRC에서 활동을 시작했다. 팀 스포츠로서의 러닝이 궁금했다. 2022년 5월, 우리는 정기 그룹런 공지를 확인하고 집결지인

남산공원으로 향했다. 코로나19 장기화로 약 일 년 반 만에 열리는 수요일 그룹런이었다. 페이스별로 그룹을 나눠 남산 정상까지 6킬로미터를 달리는 방식이었다. 혼자 또는 둘의 러닝과 정기적으로 30여 명이 함께 달리는 것은 많은 부분이 달랐다.

첫 구간인 북측 순환로 3.5킬로미터 남짓을 일정 속도로 달렸다. 반복되는 업힐과 다운힐에 호흡이 가빠지고 심박수가 치솟았다. 이어지는 남측 순환로에서 정상까지의 오르막. 발 빠른 A, B그룹 멤버들이 고갯길 너머로 하나둘씩 사라졌다. 타워까지 업힐이 계속됐다. 타워 전망대 하부 지점에 이르자 양 갈래로 선 멤버들이 보였다. 마지막 30여 미터는 불암산 암릉이 떠오르는 마의 구간이다. 종아리 근육에 부하가 걸릴 무렵 함성과 박수가 터져 나왔다. 멤버들의 응원이 없었다면 걷거나 중도 포기했을 것이다. 그날 이후 수요일 저녁은 그룹런을 위해 가급적 비워 둔다.

달릴 때 응원이 주는 힘은 실로 놀랍다. 주로에 함께 있는 것만으로 주자와 비주자는 연결된다. 팀의 응원 하나하나가 동력이 되고 주자는 '함께 달리고 있음'을 느낀다.

긍정심리학의 대가 미하이 칙센트미하이 전 시카고대학교 교수는 저서 《몰입Flow》에서 이러한 현상을 '집단 몰입'이란 용어로 설명한다. 집단 몰입의 개념은 사실 칙센트미하이 전 교수의 제자 키스 소여 노스캐롤라이나대학교 교수가 처음 소개한 것으로, 그는 재즈 밴드의 협주에서 착안해 모두가 하나의 목표에 집중할 때 집단 몰입이 발생할 가능성이 크다고 설명했다. 리드미컬한 움직임이 동반되는 모든 팀 스포츠는 구성원들이 몰입 경험을 유발할 수 있다는 것이다. 축구나 농구 경기를 할 때 대화를 나누지 않고도 팀 전체가 공을 언제 어느 위치에 둬야 하는지 단번에 아는 것처럼 움직이는 모습을 볼 수 있는데, 집단 몰입이 이와 같은 모습의 원천일 수 있다.[10] 함께 달릴 때도 마찬가지다.

러닝 클럽 일원으로 달리며 멤버들은 함께 몰입하고 성장한다. 함께 달릴 때 러닝의 효용은 극대화된다. 그룹런은 도시를 달리는 좋은 방법이다. 동반주가 없는 날엔 트랙 훈련, 마라톤 역주를 응원하며 멤버들은 함께 주로에 선다.

그렇다고 늘 즐거운 것만은 아닌 게 또 달리기다. 목표 없는 러닝, 싫증, 부상, 이유는 다양하다. 일이 많아서, 날이 추워서, 도무지 발이 안 떨어지기도 한다. 같은 코스, 같은 페이스, 나만의 루틴은 의미 없는 반복이 돼버린다. 어느새 러닝화는 신발장 한구석을 차지하게 된다. 러너라면 누구나 한 번쯤은 경험했을 패턴이다. 적어도 함께 달리기 전까진 그렇다.

'권태'로 러닝을 쉬고 있다면 그룹런이 처방이 될 수 있다. 함께 달릴 때의 응원, 성장, 경쟁은 확실한 동력이 된다. 그룹런을 시작으로 솔로런으로, 그렇게 자신만의 리듬과 페이스를 다시 이어 가면 된다.

다양한 기회로 국내외 러너들을 만날 수 있었다. 그들 모두는 자기만의 길을 달리되 함께 달렸다. '함께'의 힘은 달리기에서도 유효하다. '왜 달리는가'를 묻는 내게 그들은 저마다의 답을 내놨다. 다만 메시지는 같았다. '왜 달리지 않는가.'

달리면 매일이 특별하다. 함께면 더욱 그렇다. 달리듯 나아가는 하루가 되길 바란다.

주

1 _ Department of Nike Archives, 〈Never Done Listening〉, 2022.
https://www.nike.com/a/never-done-listening

2 _ Wouter Hoogkamer et al., 《A Comparison of the Energetic Cost of Running in Marathon Racing Shoes》, Sports Medicine, 2017.

3 _ 빌 로저스·매튜 셰파틴(태원준 譯), 《마라톤맨》, 시간낭비, 2020.

4 _ Meb Keflezighi and Scott Douglas, 《Meb For Mortals》, Rodale Books, 2015.

5 _ 미우라 시온(임희선 譯), 《바람이 강하게 불고 있다》, 청미래, 2022.

6 _ 황상호 외 2인, 《삶의 어느 순간, 걷기로 결심했다》, 이상북스, 2020.

7 _ PRC의 웹사이트 주소는 다음과 같다.
https://portlandrunning.com/pages/running-routes

8 _ 에키덴(Ekiden · 역전 경주)은 여섯 명의 주자가 어깨띠를 건네받는 마라톤 릴레이다. 1917년 일본에서 처음 시작된 경주로, 과거 역과 역 사이를 달린 데서 그 이름이 유래됐다. 역(駅)을 뜻하는 일본어의 영어식 표기인 eki와, 전달(伝)을 의미하는 den이 합쳐진 말이다. 마라톤 릴레이, 로드 릴레이로도 불린다. 다양한 형식의 에키덴이 있다. 하코네 에키덴은 일본에서 가장 인기 있는 스포츠 이벤트 중 하나로, 10명으로 구성된 21개 대학 팀이 이틀간 217킬로미터를 달린다.
〈The magic of the ekiden〉, 《World Athletics》, 2020. 11. 20.
https://worldathletics.org/personal-best/culture/magic-of-ekiden

9 _ 토르 고타스(석기용 譯), 《러닝》, 책세상, 2011.

10 _ 미하이 칙센트미하이 외 2인(제효영 譯), 《달리기, 몰입의 즐거움》, 샘터, 2019.

북저널리즘 인사이드   달리기로 이어지는 세계

사무실에서 점심을 먹고 나오는 길이었다. 명동성당에서 쇼핑 거리로 이어지는 완만한 고지를 달리는 이를 본 적이 있다. 30대 후반쯤 되어 보였을까. 가을의 초입, 정오의 햇빛이 아직은 따가운 9월이었다. 잘 갖춰 입은 운동복과 러닝화, 일정한 호흡법이 숙련된 러너임을 가늠케 했다. 평일 밤의 천변이나 경의선 숲길, 주말의 여의나루에서나 볼법한 산뜻한 뜀박질은 한 손에 프랜차이즈 커피를 든 수많은 오피스룩 사이로 유유히 사라졌다. 치열한 직장인들 사이 그의 모습에서는 별다른 이질감이 느껴지지 않았다. 그 장면에 속한 모두가 각자의 삶에서 자신의 레이스를 펼치고 있기 때문일 것이다.

 달리기는 각자에게 다양한 의미가 있다. 건강을 위한 투자라 생각하면 시간이 시드머니다. 효율이 극대화된 현대인의 바쁜 시간표 속 달리기는 늘 망설여지는 투자 종목이다. 자기 관리를 위해 어떤 형태로든 운동을 즐기는 이들에겐 심폐 지구력을 강화하고 체중을 감량하기 위한 보조 운동이다. 헬스인들은 근손실 우려와 귀찮음을 무릅쓰고 유산소 운동으로서 달리기를 수행한다. 이 의미 변화를 모두 경험하며 가끔씩 당산에서 여의도까지의 한강변 10킬로미터를 뛰어다니는 동안 단 한 번도 생각해 보지 못한 것이 있다. 누군가와 함께 달리는 즐거움이다. TV에서 육상 경기를 보면서, 조금씩 짧아지는 랩 타임을 보면서 막연히 달리기는 자기와의 싸움이라 여겨 왔다. 저자는 다르게 말한다. 이 모든 개인의 서사가 사실은 연결된 것이라고 말이다.

나이키는 2017년 도매 판매wholesale 중심의 유통 구조를 D2C(Direct to Customer)로 전환했다. 그 배경엔 2012년 출시한 NRC(나이키런클럽) 앱이 있었다. 1000만 회 이상 다운로드된 이 앱은 달리기 기록과 운동 목표를 부여하고 함께 뛸 사람을 만나는 장이다. 나이키에겐 핵심 소비자가 데이터를 발생시키는 공간이기도 하다. 이렇게 형성된 러닝 커뮤니티는 문화의 국경을 초월하고 있다. 특히 글로벌 러닝 앱 시장은 2021년 5억 6200만 달러로 급격히 확대됐다. 코로나19의 영향으로 건강에 관한 관심이 높아졌고 실내 운동보다 실외 운동을 선호하게 된 탓이다. 비대면 방식의 확신이 IT 기술 성장을 견인했고 그 과정에서 웨어러블 등의 기기가 발전한 것도 그 이유일 것이다. 글로벌 시장 조사 업체 비즈니스리서치인 사이트에 따르면 2028년까지 러닝 앱 시장의 연평균 성장률은 무려 14.2퍼센트에 달할 것으로 예상된다.

이는 단지 특정 기업이 주도한 일시적인 피트니스 트렌드가 아니다. 지금 세계는 달리기로 이어지고 있다. 저자는 나이키의 홈타운 오리건의 러닝 문화를 소개하며 달리기가 한 지역과 사회를, 세계 곳곳에서 뛰는 수많은 이들의 삶을 어떻게 바꿨는지 조명한다. 저자가 인터뷰한 이들은 각자 배경도,

달리기를 삶에 들인 계기도, 달리는 방식도 다르다. 어떤 이에
겐 달리기가 세계인들과 만나고 소통하는 방식이다. 어떤 이
에겐 달리기가 곧 비즈니스이며 반대로 달리기를 비즈니스의
동력으로 삼는 이도 있다. 세계 일주나 까마득히 높은 산을 달
리는 이들의 성장 서사, 육아와 울트라 마라톤을 동시에 해내
는 이의 이야기를 듣다 보면 느슨한 연대weak ties가 느껴진다.
러닝 앱이 사람들을 모으고 재밌게 달리는 방법을 제시한다
면 이 책은 그 느슨한 연대에 뛰어들고픈 마음을 자극하고 자
신만의 이유를 찾을 수 있는 지침서가 돼줄 것이다.

이현구 에디터